财务管理与会计信息化研究

苏 敏 韩圆圆 赵 巍◎著

中国出版集团 现代出版社

图书在版编目（CIP）数据

财务管理与会计信息化研究 / 苏敏，韩圆圆，赵巍著. -- 北京 : 现代出版社，2023.6
ISBN 978-7-5231-0353-1

Ⅰ. ①财… Ⅱ. ①苏… ②韩… ③赵… Ⅲ. ①企业管理－财务管理－研究②会计信息－财务管理系统－研究
Ⅳ. ①F275②F232

中国国家版本馆CIP数据核字(2023)第102839号

财务管理与会计信息化研究

作　　者	苏　敏　韩圆圆　赵　巍
责任编辑	张红红
出版发行	现代出版社
地　　址	北京市朝阳区安外安华里504号
邮　　编	100011
电　　话	010-64267325　64245264(传真)
网　　址	www.1980xd.com
电子邮箱	xiandai@ cnpitc.com.cn
印　　刷	北京四海锦诚印刷技术有限公司
版　　次	2023年6月第1版　2023年6月第1次印刷
开　　本	185 mm×260 mm　1/16
印　　张	10.75
字　　数	256千字
书　　号	ISBN 978-7-5231-0353-1
定　　价	58.00元

前　言

在当前时代背景下我国信息技术发展迅速，在社会诸多领域信息技术都做出了突出贡献。企业财务管理过程面临着很大的压力，如果只是局限于传统管理思维以及管理模式，则难以切实满足财务管理工作的现实需要，甚至会对企业财务管理工作造成诸多负面影响。所以，在我国经济不断提升、国家大力提倡创新型发展的背景下，财务管理与会计工作也应当紧跟时代，与时俱进地推陈出新，积极引进信息化技术，通过会计信息化管理创新企业财务管理工作，实现财务管理的智能化转型，这也是企业财务管理工作的必然发展趋势。

本书属于财务管理与会计信息化方面的著作，首先系统阐述了财务管理的概念界定、财务管理的目标与原则、财务管理的环境分析、财务管理的程序及方法等基本知识，然后探讨了筹资管理、项目投资管理、营运资金管理和财务控制与分析等财务管理的内容。并对财务会计要素与调整披露进行深入研究。其次以会计信息化的基本知识为切入，解读会计信息化的组织与管理、会计信息化的软件选择以及会计信息化标准体系的构建，探索了会计信息化下财务管理与创新发展。最后从人工智能与企业财务管理、大数据环境下的财务智能化转型、数字经济时代智能财务赋能价值创造、财务机器人流程自动化等方面探讨了财务智能化转型与应用创新。

本书通俗易懂，结构层次严谨，条理清晰分明，内容翔实丰富，努力使理论上有创新，以期建立有效、全面、科学的研究机制，对从事财务管理与会计工作的研究学者与工作者有学习和参考的价值。

在写作本书的过程中，笔者参考和引用了众多同行专家和学者的研究成果，在此对相关作者表示诚挚的感谢。由于水平有限，书中不足和疏漏之处在所难免，诚恳地期望各位专家和读者批评指正。

笔　者

2023 年 3 月

目　录

第一章　财务管理的原理阐释

第一节　财务管理的概念界定

财务管理（Financial Management），是企业组织财务活动、处理财务关系的一项经济管理工作。企业财务管理是公司管理的一个重要组成部分，是社会经济发展到一定阶段的产物。

一、企业财务活动

企业财务活动是以现金收支为主的企业资金收支活动的总称，具体表现为企业在资金的筹集、投资及利润分配活动中引起的资金流入及流出。

（一）企业筹资

企业从事经营活动必须有资金。资金的取得是企业生存和发展的前提条件，也是资金运动和资本运作的起点。企业可以通过借款、发行股票等方式筹集资金，表现为企业的资金的流入。企业偿还借款、支付利息、股利以及付出各种筹资费用等，则表现为企业资金的流出。这些因为资金筹集而产生的资金收支，便是由企业筹资引起的财务活动。

企业需要多少资金、资金从哪来、以什么方式取得、资金的成本是多少、风险是否可控等一系列问题需要财务人员去解决。财务人员面对这些问题时，一方面要保证筹集的资金能满足企业经营与投资的需要；另一方面还要使筹资风险在企业的掌握之中，以免企业以后由于无法偿还债务而陷入破产境地。

（二）企业投资

企业筹集到资金以后，使用这些资金以获取更多的价值增值，其活动即为投资活动，相应产生的资金收支便是由企业投资引起的财务活动。

投资活动包括对内投资及对外投资。对内投资主要是使用资金以购买原材料、机器设备、人力、知识产权等资产，自行组织经济活动方式获取经济收益。对外投资是使用资金购买其他企业的股票、债券或与其他企业联营等方式获取经济收益。对内投资中，公司用于添置设备、厂房、无形资产等非流动资产的对内投资由于回收期较长，又称对内长期投资。对内长期投资通常形成企业的生产运营环境，形成企业经营的基础。企业必须利用这些生产运营环境，进行日常生产运营，组织生产产品或提供劳务，并最终将所产产品或劳务变现方能收回投资。日常生产运营活动也是一种对内投资活动，这些投资活动主要形成了应收账款、存货等流动资产，资金回收期较短，故又被称为对内短期投资。

企业有哪些方案可以备选投资、投资的风险是否可接受、有限的资金如何尽可能有效地投放到最大报酬的项目上，是财务人员在这类财务活动中要考虑的主要问题。财务人员面对这些问题时，一方面要注意将有限的资金尽可能加以有效的使用以提高投资效益；另一方面要注意投资风险与投资收益之间的权衡。

（三）企业利润分配

从资金的来源看，企业的资金分为权益资本和债务资本两种。企业利用这两类资金进行投资运营，实现价值增值。这个价值增值扣除债务资本的报酬即利息之后若还有盈余，即为企业利润总额。我国相关法律法规规定企业实现的利润应依法缴纳企业所得税，缴纳所得税后的利润为税后利润又称为净利润。企业税后利润还要按照法律规定按以下顺序进行分配：一是弥补企业以前的年度亏损；二是提取盈余公积；三是提取公益金，用于支付职工福利设施的支出；四是向企业所有者分配利润。这些活动即为利润分配引起的财务活动。

利润分配活动中尤为重要的是向企业所有者分配利润。企业需要制定合理的利润分配政策，相关政策既要考虑所有者近期利益的要求，又要考虑企业的长远发展，留下一定的利润用作扩大再生产。

上述财务活动的三个方面不是相互割裂、互不相关的，而是相互联系、互相依存的。因此，合理组织这些财务活动即构成了财务管理的基本内容，即筹资管理、投资管理及利润分配的管理三个方面。由于投资活动中的对内短期投资主要用于企业的日常运营，是企业最为频繁且相当重要的财务活动，因此也有学者将财务管理的基本内容分为筹资管理、投资管理、营运资本管理、利润及其分配的管理四个方面内容。

二、企业财务关系

企业在组织财务活动过程中与其利益相关者之间发生的经济关系即为企业财务关系。在企业发展过程中，离不开各种利益相关者的投入或参与，如股东、政府、债权人、雇员、消费者、供应商，甚至社区居民。他们是企业的资源，对企业生产经营活动能够产生重大影响。企业要照顾到各利益相关者的利益才能使企业生产经营进入良性循环状态。

（一）企业与其所有者

企业的所有者是指向企业投入股权资本的单位或个人。企业的所有者必须按投资合同、协议、章程等的约定履行出资义务，及时提供企业生产经营必需的资金；企业利用所有者投入的资金组织运营，实现利润后，按出资比例或合同、章程的规定，向其所有者分配利润。企业同其所有者之间的财务关系体现着所有权的性质，反映着经营权和所有权的关系。

（二）企业与其债权人

企业除利用所有者投入的资本金进行经营活动外，还会向债权人融入一定数量的资金以补充资本金的不足或降低成本企业资本成本。企业债权人是指那些对企业提供需偿还的资金的单位和个人，包括贷款债权人和商业债权人。贷款债权人是指给企业提供贷款的单位或个人；商业债权人是指以出售货物或劳务形式提供短期融资的单位或个人。

企业利用债权人的资金后，对贷款债权人，要按约定还本付息；对商业债权人，要按约定时间支付本金，若约定有利息的，还应按约定支付利息。企业同其债权人之间体现的是债务与债权的关系。

（三）企业与其受资者

企业投资除了对内投资以外，还会以购买股票或直接投资的形式向其他企业投出股权资金。企业按约定履行出资义务，不直接参与被投资企业的经营管理，但按出资比例参与被投资企业的利润及剩余财产的分配。被投资企业即为受资者，企业同其受资者之间的财务关系体现的是所有权与经营权的关系。

（四）企业与其债务人

企业经营过程中，可能会有闲置资金。为了有效利用资金，企业会去购买其他企业的债券或向其他企业提供借款以获取更多利息收益。另外，在激烈的市场竞争环境下，企业会采用赊销方式促进销售，形成应收账款，这实质上相当于企业借给了购货企业一笔资金。在这两种情况下，借出资金的企业为债权人，接受资金的企业即为债务人。企业将资金借出后，有权要求其债务人按约定的条件支付利息和归还本金。企业同其债务人的关系体现的是债权与债务关系。

（五）企业与国家

国家作为社会管理者，担负着维护社会正常秩序、保卫国家安全、组织和管理社会活动等任务。国家为企业生产经营活动提供公平竞争的经营环境和公共设施等条件，为此所发生的“社会费用”须由受益企业承担。企业承担这些费用的主要形式是向国家缴纳税金。依法纳税是企业必须承担的经济责任和义务，以确保国家财政收入的实现；国家秉承着“取之于民、用之于民”的原则，将所征收的税金用于社会各方面的需要。企业与税务机关之间的关系反映的是依法纳税和依法征税的义务与权利的关系。

（六）企业内部各部门

企业是一个系统，各部门之间通力合作，共同为企业创造价值。因此各部门之间关系是否协调，直接影响企业的发展和经济效益的提高。企业目前普遍实行内部经济核算制度，划分若干责任中心、分级管理。企业为了准确核算各部门的经营业绩、合理奖惩，各部门间相互提供产品和劳务要进行内部结算，由此而产生了资金内部的收付活动。企业内部各部门之间的财务关系实质体现的是在劳动成果上的内部分配关系。

（七）企业与员工

员工是企业的第一资源，员工又得依靠企业而生存，两者相互依存。正确处理好公司与员工之间的关系，对于一个公司的发展尤为重要，也是一个公司发展壮大的不竭动力。员工为企业创造价值，企业将员工创造的价值的一部分根据员工的业绩作为报酬（包括工资薪金、各种福利费用）支付给员工。企业与员工之间的财务关系实质体现的也是在劳动成果上的分配关系。

第二节 财务管理的目标与原则

一、财务管理目标

财务战略管理目标在财务战略管理理论与方法体系中处于最高层次，它是决定财务战略管理的本质、对象、假设、原则、要素和方法的基础。简单地说，就是实现企业价值最大化。财务战略管理的具体目标是财务战略管理基本目标的具体化，具体包括投资战略目标、融资战略目标和股利分配目标等，即分别对应企业价值最大化、股东财富最大化和利润最大化。

（一）价值最大化目标

1. 价值最大化与长期盈利能力具有相关性

首先，企业价值更能客观地反映企业的业绩。企业价值指标是基于现金流量的，不是基于权责发生制和历史成本原则确认的利润，避免了利润指标的主观性。其次，企业价值更能反映企业的长期状况。企业价值是企业在其未来经营期间内所获得的现金流量的现值总和。最后，企业价值更具有全面性。企业价值面向企业未来，利用加权平均资本成本和折现率来分别反映资本成本、风险和货币的时间价值，而且价值最大化充分尊重和满足了企业各相关利益主体的利益要求。①

2. 价值最大化与战略环境具有相关性

企业所处的战略环境包括外部环境和内部环境。就外部环境中的行业环境来讲，企业价值与行业环境具有相关性。处于初创期、成长期、成熟期和衰退期四个不同阶段的行业为企业提供的价值创造空间也不同。

3. 价值最大化与竞争优势具有相关性

财务战略管理的本质要求是建立竞争优势，获取竞争优势是企业价值增值的源泉。竞争优势通过成本领先、差异化以及速度优势增加企业的价值。财务战略管理强调的是一种基于企业整体发展战略的动态分析，它将企业内部财务活动和企业竞争战略结合起来进行

---

① 黎精明，兰飞，石友蓉．财务战略管理［M］．北京：经济管理出版社，2014：34．

价值创造管理。

（二）股东财富最大化目标

企业价值最大化目标是通过企业财务战略管理的具体目标来实现的。财务战略管理的具体目标既规定财务战略行动的方向，又是制定理财策略的依据。财务战略具体目标制定得正确与否，直接关系到企业的财务成果和经营的兴衰成败。

经营者为了获取股票价格上涨的收益，就会采取各种措施使股票价格上升，从而增加了股东的财富。从某种程度上来说，股东和债权人都是公司的投资者，但是其投资的性质不同，对公司拥有的权利不同，承担的风险和获取的报酬也不同。股东是公司风险的最终承担者，也是公司经营状况的最大受益者。因此，站在股东的角度，他更倾向于投资高风险的项目，从而获得较高的收益，这可能会使其要求经营者改变举债资金的原定用途。但是，站在债权人的角度来说，如果投资成功，高风险投资带来的高收益由股东享有，债权人仍然获得固定的利息收益；可如果投资失败，债权人却可能会承受由此造成的损失。另外，公司举借新债可能导致负债比重上升，企业的财务风险增大，这会导致原债权人的风险增加，遭受损失的可能性加大。

（三）利润最大化目标

企业加强对营运资本的管理的最终目标是通过对营运资本的管理，找到企业的流动资产和企业的流动负债之间的合理比例，可以在保障企业正常生产经营的状态下，尽可能地提高企业营运资本的利用水平和周转能力，最大限度地提升企业的整体盈利水平。加强对营运资本管理可以分为以下几个具体的目标。

1. 加强流动资产管理，实现利润最大化

通常情况下，企业的流动资产并没有创造现金流量的能力，因此企业的流动资产对企业的价值就没有直接的影响。但是在企业的资本投资性质和资本投资规模确定的时候，企业的经营者对营运资本的低效管理会影响到企业正常生产经营活动中创造现金流量的能力，最终影响企业价值的扩大化。因此，企业的经营者在对企业的营运资本进行管理的时候，应该加强对企业中流动资产的管理，确保企业中留存足够的现金持有量，同时保证企业有良好的库存结构，使得企业的营运资本可以按照企业既定的目标进行运营，以便实现企业价值的最大化。

2. 保证营运资本适度的流动性

企业的营运资本是企业实际中流通的那部分流动资产和流动负债，因此其对抵消企业的风险、适应环境的变化有着十分重要的意义。一方面，企业的营运资本可以起到支付企业日常生产经营所必须付出的成本，如购买原材料的费用、工作人员的工资及福利待遇等；另一方面，企业的营运资本还具有较强的偿债能力，可以支付企业流动负债产生的利息，如短期借款产生的利息、短期有价证券产生的利息等。因此，企业的营运资本保持适度的流动性对维持企业的正常生产经营十分重要。但是，企业的营运资本的流动性过高或过低对企业的发展都不是十分有利的。当企业的营运资本的流动性过高时，企业就要为这部分占有的营运资本支付更多的资金占有量的成本，这无疑会加大企业的财务风险；当企业的营运资本的流动性过低时，企业的正常生产经营可能都会受到影响，更不用说扩大再生产了。因此，企业的经营者要在大的财务环境的背景下，根据企业的发展情况，合理地安排企业流动资产和流动负债的数量和使用期限，使企业的流动资产和企业的负债资产可以保持在合理的比例之下，在保证企业的营运资本的流动性和安全性的前提下，提升企业的盈利能力。

二、财务管理的原则

（一）收益风险均衡原则

一旦参与市场竞争，无论哪种类型的财务活动都有可能遇到风险。比如，企业没有获得预期的财务成果，等等。经济活动最直接的目的是获得收益，如果企业因为害怕遭遇风险，在面对市场竞争的时候一再退缩，那么只会在一次次冲击下变得越发虚弱，最终失去竞争的资格。其实，风险往往也意味着机遇，风险越大，收益越高。有些企业只顾追逐经济利益，却对可能出现的风险没有防范意识，这就违背了风险收益均衡原则。明智的做法是，企业在进行具体的财务活动之前，一定要先将这项活动实施过程中可能会遇到的种种风险考虑清楚，同时分析其收益性，按照风险收益均衡原则去制定行动方案，将风险降至最低。在实践过程中，为了获取更多利益，相关工作人员也要懂得趋利避害。

（二）利益关系协调原则

财务人员在进行财务管理时，会与各方面的经济利益产生密切而又复杂的关系。而一旦涉及经济利益，各方人员便可能会产生各种矛盾与纠纷，这时候便须引入利益关系协调原则。国家相关工作人员在财务管理过程中，应当协调好国家、投资者、债权人、经营者、劳动者的经济利益，保护各方的合法权益，而不能厚此薄彼，主观行事。同时，在企业内部，一旦各部门、各单位之间产生利益纠纷，就会大大拖累企业的运行效率，阻碍企业发展的脚步。所以说，利益关系协调原则在企业内部依然适用。为了提高各部门、各单位工作人员的工作热情，并加深大家对企业文化的认同感，使其更有凝聚力，企业财务人员更要协调好各方关系，维护各方利益，努力平息各种经济纠纷。通过财务活动，便能实现企业内部和外部经济利益的调整。

在经济生活中，总是存在着这样几对矛盾：眼前利益和长远利益之间的矛盾、局部利益和全局利益之间的矛盾、个人利益和集体利益之间的矛盾。这些矛盾之间往往错综复杂、关系微妙，单纯只靠经济利益的调节，是很难彻底解决的。因此，在涉及利益关系的时候，一定要加强个人的思想道德教育和政治领悟，提倡顾全全局利益、整体利益，防止本位主义、极端个人主义的出现。

（三）分级分权管理原则

在规模较大的现代化企业中，对财务活动必须在统一领导的前提下实行分级分权管理。统一领导下的分级分权管理，是民主集中制在财务管理中的具体运用。

统一领导下的分级分权管理，包含专业管理和群众管理相结合的要求。企业财务部门是专职财务管理部门，而供产销等部门的管理则带有群众管理的性质。通常在厂部、车间两级设有专职财务人员，而在班组、仓库则由广大工人直接参加财务管理。统一领导下的分级分权管理，从某种意义上来说，也就是在财务管理中实行民主管理。

（四）资金合理配置原则

企业财务管理是对企业全部资金的管理，而资金运用的结果则形成企业各种各样的物质资源。各种物质资源总是要有一定的比例关系的，所谓资金合理配置，就是要通过资金活动的组织和调节来保证各项物质资源具有最优化的结构比例关系。因此，资金合理配置是企业持续、高效经营的必不可少的条件。

（五）收支积极平衡原则

保持各种资金存量的协调平衡是财务管理的重要内容之一，除此之外，财务人员还要格外关注资金流量的协调平衡等问题。

企业发生资金支出和取得资金收入，分别意味着一次资金循环的开始与终结，由此可知，资金周转的关键在于资金的收支。资金周转如果进行得不顺利，意味着某个环节一定违背了收支积极平衡原则。而收支积极平衡原则要求资金收支不仅要在一定期间总量上求得平衡，而且在每一个时点上协调平衡，这是资金循环过程得以周而复始进行的条件。

（六）成本效益原则

在企业财务管理中，既要关心资金的存量和流量，更要关心资金的增量。企业资金的增量即资金的增值额，是由营业利润或投资收益形成的。因此，对于形成资金增量的成本与收益这两方面的因素必须认真进行分析和权衡。成本效益原则就是要对经济活动中的所费与所得进行分析比较，对经济行为的得失进行衡量，使成本与收益得到最优的结合，以求获取最多的盈利。

企业的一切成本、费用的发生，最终都是为了取得收益，都可以联系相应的收益进行比较。进行各方面的财务决策，都应当按成本效益的原则做出周密的分析。因此，成本效益原则在各种财务活动中广为运用。

（七）股东价值驱动原则

企业价值，简单地说，就是公司的市值，即投资者购买公司股票时愿意支付的价钱，也就是股东财富。投资者或者说资本的天性就是孜孜不倦地追逐私利。因此，从这个意义上来说，企业价值最大化也可以认为就是股东价值最大化。企业经营者要想获得资金，就必须将实现股东财富利益作为诸任务中的重中之重，在战略导向上，财务战略管理应被确立为“股东价值驱动战略”。

以股东价值为导向是财务战略管理最基本的属性。然而，股东价值对于就业、社会责任、环境等的重要性，历来是并且仍然是人们激烈争论的话题。就西方发达国家而言，欧洲大陆国家对企业目标有着不同的认识，比如，按照荷兰法律，大公司董事会的根本职责就是保证公司的生存，而不是代表股东追求价值最大化。德国的公司治理机制也有类似的规定。本书认为，有两个原因促使管理者应把重心放在股东价值的创造上：第一，在多数发达国家，股东的影响已经主宰了高层管理者的日常工作。第二，以股东为导向的经济体制比其他经济体制的绩效更好，其他利益相关人也不会因股东的利益而遭受损失；相反，从战略意义上看，他们的利益是一致的。①

股东价值日益重要。促使股东价值日益重要的因素有以下四个。

第一，许多管理团队无法对所在行业发生的重大变化做出有效反应，因而在 20 世纪 80 年代出现了活跃的公司控制权市场。1982 年，美国经济在经过长期的高通货膨胀和低经济增长之后开始复苏。许多产业部门都需要进行重大重组。同时，养老基金和保险公司开始把越来越多的资金提供给新类型的投资者，从而导致杠杆收购的出现，并最终导致了公司控制权市场的产生。公司控制权市场产生的根本前提是：只要其他可能的管理团队使用其他可能的战略也不能极大地提高公司价值，目前的管理者就有权管理公司。相应地，若用股东价值作为衡量标准，公司绩效就会成为变革的主要驱动因素。

第二，在美国和许多欧洲国家，多数高层管理者的报酬中，基于股权的各种报酬形式越来越重要。在 20 世纪 70 年代中期的美国，人们日益担心管理者利益和股东利益之间的分歧。在一定程度上，这种担心反映了人们对不断下降的公司利润和停滞的股票价格的焦虑和不安。许多学者纷纷呼吁重新设计管理者薪酬激励机制，使之与股东利益的关系更为紧密。在美国，股票期权是多数高层经理报酬的一个组成部分。同一时期，对董事会的批评也增加了，人们批评他们忽略了代表股东利益的职责。于是就开展了一场这样的运动：要求非执行董事在所代表的公司投入一定的股本，以使他们更关注股东利益。股票期权的广泛运用，极大地提高了股东价值在衡量管理绩效中的重要性。不仅限于美国，在英国和法国，股票期权和股票赠送也成了管理者收入的重要组成部分。由于对管理人才的竞争已全球化，股票期权的使用在开放经济国家和地区会越来越普遍。

第三，1982 年以来，美国股市和欧洲股市情况良好，因此家庭在股票上的投资比例有很大增加。20 世纪 80 年代初以来，美国和欧洲股票市场表现非凡，不但促进了股票期权被广泛用作管理者报酬，而且增加了许多国家的家庭股票拥有量。事实表明，越来越多的人是通过共同基金和养老基金成为股东的。重要养老金机构的管理者是股东价值论的积极倡导者。欧洲许多国家也正在形成股东文化。最引人注目的是在德国开展的支持德国电信私有化的“德国：股票国家”运动。完成了私有化的公司的股票出现了强势增长，这就促进了这些国家股票投资的普及。在这种情况下，旧的劳资观念已经过时，股东也不再是其他什么人，而是我们自己。这样，引起股东价值与利益相关人价值之争的紧张心情也得以缓解。随着越来越多的人成为股东，支持将股东价值作为公司目标的呼声日益强劲。

---

① 黎精明，兰飞，石友蓉. 财务战略管理［M］. 北京：经济管理出版社，2014：38.

第四，人们日益认识到许多社会保障制度正面临危机，欧洲大陆国家和日本的情况更是如此。为了应对这一危机，有一个解决方案：把积累的养老基金提高到相当的程度，使之能产生足够的剩余用于再投资，积累资金和投资收益结合起来，以应对未来的养老金短缺。要拆除养老金这颗“定时炸弹”，私有部门必须维持相当的水准，最为重要的是能产生较高的投资收益并创造可以增加收益投入的机会。如果要让这种积累养老金的计划行得通，避免人口代与代之间的竞争，那么，不管是哪一个国家，都必须向公司施加压力，使它们创造更多的股东价值。

以股东为核心的经济表现更佳。20 世纪 80 年代中期以来，美国经济发展势头强劲。如果没有股东资本利益的约束，没有许多经济参与者对股东价值创造的日益重视，是否会出现这样的经济局面是值得怀疑的。这并不是说股东价值体系就一定公平，比如，重组所带来的失业会毁坏人们的生活。但同时也可以这样说，创造工作机会的经济能力是衡量公平与否的更好的尺度。

（八）利用价值管理能力原则

只有具备价值管理能力才能成为真正的价值管理者。公司可以通过以下四个步骤建立其管理价值的能力。

1. 确定以价值为核心的指标和绩效尺度

公司的管理者需要有明确的目标和绩效尺度，以衡量工作进展。虽然股票价格是最根本的绩效指标，但对管理者尤其是基层业务单元的管理者而言，需要具体性和可操作性都更强的标准。至于净利润这样的会计指标，由于忽略了为取得利润而占用资本的机会成本，因而也不可取。另外，投入资本收益率指标忽视了价值创造的增长。能较好衡量股东价值创造的指标是经济利润，该指标既考虑了增长，又考虑了投入资本的收益。经济利润等于投入资本收益率与资本机会成本之差乘投入资本，即经济利润=投入资本×（投入资本收益率−机会资本成本）。由于未来经济利润的折现价值（加目前的投入资本额）等于折现现金流量，因此，可以通过使经济利润最大化而实现折现现金流量的最大化。由于基层管理者需要的是他们能直接施加影响的指标和绩效尺度，因此业务单元的经理必须为其基层管理者把经济利润指标转换成更为具体性、可操作性更强的绩效尺度。例如，生产经理的绩效可以用单位成本、质量以及是否能按时交货来衡量，销售经理的绩效可以用销售增长率、标价折扣率和销售成本占销售收入的比率来衡量。除了经济利润指标外，也可以用经济增加值（EVA）这一指标来衡量股东价值的创造。

2. 改革公司的薪酬制度，培养员工重视创造股东价值的文化与观念

建立公司以价值创造为核心理念的一个最为有力的手段是薪酬制度。高层管理者的激励机制必须以价值创造为核心。为达到这一目的，传统的做法是将高层管理者的奖金与每股收益目标的实现情况相联系。但是，由于每股收益并不总是与价值创造相一致，因此，这一实践并不有效，有效的方法是加大股票期权在其报酬中所占的比例。对于业务单元管理者的传统激励方式是将其报酬与公司整体的绩效联系在一起，而与他们所在单位绩效的联系反倒不大。改进的方法是：人力资源经理可以考虑为每个部门设计虚拟股票，从而建立延期付酬制度，该制度应围绕公司实行的经济利润或 EVA 指标，根据特定价值驱动因素目标的完成情况发放报酬。

3. 进行有效的沟通

就价值问题与投资者，尤其是战略投资者和证券分析师进行有效的沟通是至关重要的。这有两个原因：第一，可以确保市场随时取得足够的信息对公司进行评估；第二，由于市场是精明的，公司管理者可以从投资者对本公司和其他公司股票的评估中知道所在行业和竞争对手的动向。

为了提高沟通战略的效果，应注意以下两点：其一，在与投资者以及证券分析师沟通时应重点宣传公司为提高股东价值到底在做些什么；其二，可以考虑在年度财务报告的附注中增加一个部分，题为“公司的价值前景”，讨论公司创造价值的战略。公司甚至可以公布其对价值创造的估算，但前提是必须将各种假定交代清楚。上述措施可以让投资者明白公司的经营方向和股东们的投资状况。

4. 重新规定财务总监的职能

公司建立以价值创造为核心的努力要取得成功，一大关键因素便是财务总监作用的提高。职能被强化后的财务总监可以被恰当地称为“战略和财务执行副总裁”。该职位应主导公司价值创造战略的制定。

（九）寻找价值驱动因素原则

要寻找股东价值驱动因素，就必须理解日常经营和重大投资决策中有哪些因素对价值的影响最大。确定价值驱动因素的过程如果做得好，将在以下三个方面对管理者有巨大的帮助：其一，有助于业务单元的管理者和员工理解价值是怎样创造的以及怎样使价值最大化；其二，有助于安排驱动因素的优先顺序，确定该把资源用在何处，或把资源从何处撤走；其三，有助于业务单元管理者和员工在应优先考虑的驱动因素方面形成共识。

与价值驱动因素相关的各种标准被称作绩效指标，这些指标既可以用来确定财务战略目标，又可以用来评估绩效。

值得注意的是，在运用上述原则确定价值驱动因素时，必须明确公司每个业务单元应该有自己的主要价值驱动因素和主要绩效指标。例如，经营业绩突出、利润率高的业务单元应把重点放在与增长相关的主要绩效指标上，而利润率低的业务单元应把重点放在与成本相关的有关绩效指标上。另外需要注意的是，业务单元应限制绩效指标的数量。根据经验，5~10个绩效指标就够了，上限为20个。因为如果绩效指标过多的话，可能会导致管理层很难决定到底把重点放在哪些指标之上。

最后，平衡计分卡为股东价值驱动因素的分析提供了一个通用框架。根据平衡计分卡，股东价值驱动因素应从顾客、业务流程、学习与成长以及财务四个方面寻找。

第三节　财务管理的环境分析

一、财务管理环境的基本理论

财务管理环境，也称理财环境，是指对企业财务活动和财务管理产生影响的企业内、外部的各种客观条件和影响因素的总和。财务管理以外、对财务管理系统有影响作用的一切系统的总和构成了财务管理的环境，如国家政治、经济形势、法律法规的完善程度、企业面临的市场状况、企业的生产条件等。这些都会对财务管理产生重要影响，都是财务管理环境的组成部分。

（一）特征分析

1. 复杂性和不确定性

财务管理活动总是在一定的时间和空间进行的。它要受多种环境因素的影响和制约。这些因素共同构成了一个多层次的综合系统。正是在这种综合系统作用下，财务管理活动才会呈现复杂性和不确定性的特征。未来是不确定的，而人们的决策都是面向未来的。在这种背景下，人们把那些无法预料的和难以测度的变化定义为不确定性。财务管理环境复杂性和不确定性的特征带给人们财务行为的困境，使人们行动的结果常处于一种未知的状态。并且，随着信息技术和信息社会的进一步发展，财务管理环境的复杂性和不确定性将日趋增加。

2. 差异性

财务管理环境的差异性特点主要表现在两个方面：一方面，财务管理环境天然地具有因国家不同、地域不同、行业不同、制度不同而产生的差异性。这种差异性主要体现在政治因素、市场因素、法律因素、文化因素等方面的不同。另一方面，即使面对相同的财务管理环境，其对不同财务管理主体的影响也会千差万别。这种差异性主要是由于财务管理环境本身所具有的复杂性、不确定性、动态性，使得不同的财务管理主体形成不同的认知而产生的。财务管理环境的差异性要求不同的财务管理主体在分析、利用财务管理环境时，要立足于自身的特点，扬长避短，充分利用有利的环境因素，避免不利的环境因素，有重点、有针对性地开展财务管理活动。

3. 动态性

财务管理环境具有稳定与变动的双重特性。在某一静止的时点，财务管理环境是相对稳定的，但随着时间的推移，环境本身是瞬息万变的。有些环境因素是渐变的，其变化过程因缓慢而不易被人们感知，如社会文化环境、自然地理环境等；还有些因素的变化是突变的，其变化过程因剧烈而容易被人们直接感知，如国家政策、经济法规的变化等。

无论是渐变的因素还是突变的因素，其对财务管理活动的影响都是不容小觑的。这就要求财务管理的主体在进行财务管理活动时，应当注意观察和预测相关环境因素的变动及其变化趋势，采取及时有效的措施对企业的财务管理活动予以调整，以充分利用环境因素变化所带来的机遇或积极有效地应对因环境因素变化所产生的挑战。

（二）研究意义

企业的财务管理与其环境是相互依存、相互制约的。任何一个财务管理主体都处于各种既定的财务管理环境中。一方面，财务管理环境决定企业的财务管理，不同的财务管理环境有不同的财务管理目标、手段和效率，从而要求有不同的财务管理活动；另一方面，企业财务管理对环境又具有反作用，甚至在一定条件下，财务管理有能力改变环境。因此，正确认识和评价财务管理与环境的关系具有重要意义。

第一，有利于认识财务管理的历史规律。通过对财务管理环境的研究，可以使人们正确、全面地认识财务管理的历史规律，预测并顺应财务管理的未来发展趋势。财务管理的发展是各种环境因素综合作用的结果。由于受多种因素的作用，财务管理的发展变化具有两面性：当各种因素的变化比较平稳时，财务管理处于稳定发展阶段；当某地环境因素发生重大变化时，便出现财务管理内容和方法的革新，带来财务管理的迅速发展，这就是财务管理发展过程的浪潮。因此，只有认真研究财务环境，才能对财务管理的历史做出正确、全面的评价，才能对各国财务管理的发展状况有清楚的认识和合理的解释，也才有可能对财务管理的发展趋势做出合理的判断。

第二，有利于指导财务管理的实践工作。通过对财务管理环境的研究，可以使人们正确认识影响财务管理的各种因素，从而不断增强财务管理工作的适应性和灵活性，指导财务管理的实践工作取得成功。财务管理工作是在一定环境条件下进行的实践活动。人们只有通过对财务管理环境进行研究，才能够充分了解、适应和利用财务管理环境，从而做出正确的财务决策。在市场经济条件下，财务管理环境具有构成复杂、变化快速等特点，会对财务管理工作会产生重大影响。财务管理人员必须对环境做出认真的调查和分析，预测财务管理环境的发展变化趋势，采取相应的财务策略，才能保证企业的长久发展。正确地认识和利用财务管理环境，无疑可以使财务管理人员的实践工作更加具有针对性，更适应企业生存发展的需要。

第三，有利于推动财务管理理论的研究。通过对财务管理环境的研究，可以推动财务管理理论研究的进一步发展，建立起适应市场经济发展需要的财务管理体系。财务管理理论研究的目的不应仅限于正确地反映财务管理实践，更为重要的是，应能正确地指导实践。没有人类的财务管理实践，自然就没有财务管理理论；然而，财务管理实践如果缺乏系统的理论指导，那也是盲目的。

因此，对财务管理环境的研究应该作为一个重要的财务管理理论课题来进行研究，同时，对这一课题的研究又必将推动整个财务管理理论的研究朝着更深层次发展，将财务管理理论的研究提升到一个全新的高度。当前，应重点研究社会主义市场经济条件下，财务环境的变化对财务管理工作的影响，以便尽快建立起一个适应社会主义市场经济发展要求的财务管理体系。

（三）类别划分

财务管理环境是一个多层次、多方位的复杂系统。它纵横交错、相互制约，对企业财务管理具有重要影响。因而，从不同角度、不同层次对财务环境进行分类，可以帮助企业更好地根据身边环境的特点，把握其当前的特征、未来的可能变化以及它们可能给企业财务管理带来的影响。

1. 宏观环境和微观环境

根据环境包括的范围不同，可以将财务环境划分为宏观环境和微观环境。

宏观环境是指为企业财务活动造成市场机会和环境威胁的社会力量。这种社会力量的影响范围十分广泛，一般对各类企业的财务管理均产生影响。通常，宏观环境包括国家政治经济形势、经济发展水平、金融市场状况等。

微观环境是指直接制约和影响企业财务管理活动的力量与因素。微观环境的变化一般只对特定企业的财务管理产生影响。通常，微观环境包括企业组织形式、生产状况、企业的产品销售市场状况、企业的资源供应情况等。

2. 静态环境和动态环境

根据环境的不同变化状况，可以将财务环境划分为静态环境和动态环境。

静态环境是指那些处于相对稳定状态的影响财务管理的各种因素。它通常指那些相对容易预见、变化不大的财务环境。它对财务管理的影响程度也是相对平衡的，起伏不大。因此，认清财务管理环境后一般无须经常调整、研究，而是将其作为已知条件来对待。财务管理环境中的地理环境、法律制度、企业类型、生产方向、国家产业政策、税收政策等，属于静态财务管理环境。

动态环境是指那些处于不断变化状态的影响财务管理的各种因素。这些因素变化性强、可预见性差。在市场经济体制下，产品销路、材料来源、市场物价、资金市场的资本供求状况等都是不断变化的，属于动态财务管理环境。在财务管理环境中，应着重研究、分析动态财务管理环境，并及时采取相应对策，提高对财务管理环境的适应能力和应变能力。从长远来看，财务管理环境都是发展变化的。

3. 内部环境和外部环境

根据环境与企业的关系，可以将财务环境划分为企业外部环境和企业内部环境。企业外部环境是指企业外部影响财务管理的各种因素，如国家政治、经济形势、法律制度、企业所面临的市场状况以及国际财务管理环境等。外部环境的稳定与否、完善与否会对理财活动产生重大影响。企业内部环境是指企业内部的影响财务管理的各种因素，如企业的生产情况、技术情况、经营规模、资产结构、生产经营周期等。内部环境的特点决定理财活动的特点以及财务决策如何制定。

下面将根据这种分类方式进行具体展开论述。

二、财务管理的内部环境分析

企业的内部环境是指存在于企业内部的影响企业财务管理活动的条件和因素，一般属于微观财务环境。对于大部分企业来说，其所处的外部财务环境可能是相同的，但每个企业的内部财务环境却是千差万别，各不相同。不同治理结构、不同组织形式和不同规模的企业分别具有不同的内部财务环境。企业应根据自身的内部环境特点，分别采取不同的管理措施，以实现企业财务管理效果最优化。

（一）治理结构

公司治理是一整套法律、文化和制度性安排，用来协调企业与利益相关者之间的利益关系，以保证公司决策的科学性、有效性，从而最终维护公司各方面的利益。由于世界各国在社会传统、政策法律体系、政治体制与经济制度等方面存在差异，因而演化出多样化的融资制度、资本结构与要素市场，从而形成了不同的公司治理结构。不同治理结构对财务管理的实施也具有不同的影响。

1. 外部监控型

外部监控型治理结构，也称为市场导向型公司治理模式，即公司治理主要受外部市场的影响。这种公司治理模式以高度分散的股权结构、高流通性的资本市场和活跃的公司控制权市场为存在基础和基本特征，典型代表国家有美国、英国、加拿大和澳大利亚。

由于股权特征具有高度分散性，委托人和代理人的信息不对称程度扩大，因此，在经理人的监督和激励问题上主要采用与股东利益相结合的方式，如股票期权、股票赠予等。虽然股东大会和董事会的投票能够影响财务决策，但是经理人更能直接有力地影响这种决策，并且更倾向于做出高风险的投资决策。

2. 内部监控型

内部监控型治理结构，又称为网络导向型治理模式，即公司治理主要受股东（法人股东）和内部经理人员流动的影响。这种公司治理模式以相对集中的股权和主银行实质性参与公司监控为存在基础和基本特征，典型代表国家有日本及德国和其他欧洲大陆国家。在这种模式下，股东和主银行在公司的财务决策中发挥显著的作用，能够限制经理人的高风险投资决策偏好。

3. 家族监控型

家族监控型治理结构，指公司所有权与经营权没有实现分离，公司与家族合一，公司的主控制权在家族成员中进行配置的一种治理模式。所有权与经营权合一是家族企业和家族监控型治理结构存在的基础和基本特征，典型代表国家有韩国和马来西亚、泰国、新加坡、印度尼西亚等东南亚国家。这种模式主要由家族领导者做出公司的财务决策，具有高效性，但是专业化程度不足，公司的内部控制体系也需要完善，并且融资规模会受到限制。

4. 转轨经济型

转轨经济型治理结构主要存在于俄罗斯、中欧以及中国这些转轨经济国家。它们的共同特点是有大量规模较大、急需重组的国有企业，且法律体系较为混乱。在这些转轨经济国家中，公司财务中的最大问题是内部人控制。经理层利用经济体制转型期间的真空对企业实行强有力的控制，在某种程度上成为实际的企业所有者。即使有形式上的内部控制机制来保护投资者利益，公司的财务决策也主要由实际控制人决定。

（二）组织结构

组织结构是关于组织成员或团队任务不同角色的正规说明，为组织活动提供计划、执行、控制和监督职能的整体框架，一般由以下关键要素组成：必要的工作活动、报告关系以及部门组合。组织结构会影响信息流的传递、工作的动机以及工作的有效性，从而影响财务活动。

企业应在仔细分析自身特点的基础上，寻找一种合适的组织结构，以促进形成企业内部良好的理财环境。这样才有利于各职能部门相辅相成地开展工作，有利于企业经营管理和理财决策的实施。常用的组织结构分类方式包括：直线职能式组织结构、事业部制组织结构和矩阵式组织结构。

1. 直线职能式

直线职能式组织结构的纵向控制大于横向协调，正式的权力和影响一般主要来自职能部门的高层管理者。这种组织结构的优点是管理指令系统明确，每个员工都有其既定的汇报路线；缺点是管理层级过多，容易导致财务管理的灵活性和有机性差，与外界环境的关系僵化，与其他部门之间的横向协调和沟通缺乏效率。因此，这种组织结构适用于小型或中型规模组织以及只有少数产品线的大规模组织。

2. 事业部制

在事业部制组织结构中，各业务环节以产品、地区或客户为中心重新组合，每个事业部都有独立的生产、研发、销售等职能，强调了组织中的跨职能协调。这种组织结构的优点是责任明确、沟通环节清晰，每个事业部都享有一定的决策权，工作积极性和创造性高，财务管理活动对外部有效性和适应性强，能够迅速对外部不稳定、高度变化的环境做出反应，调节财务活动；缺点是职能部门之间失去规模经济效益，生产线之间缺乏协调，容易导致各事业部的目标与集团总体目标不一致，会在一定程度上影响企业整体财务管理目标的实现效率。因此，这种组织结构对大规模和产品较多的组织来讲管理效果更好。

3. 矩阵式

矩阵式组织结构吸收了直线职能式结构和事业部制组织结构的优点，既保留了事业部制组织结构中的责任追踪，又拥有直线职能式组织结构的专业优势。矩阵式组织结构的缺点是容易造成命令混乱、权责模糊或权责不对等的情况，在职能经理和项目经理之间容易产生冲突，出现多头领导问题。在这种组织机构下，制定经营计划、监管执行情况和设计考核办法等都相对简单清晰。只要以产品为主线，以产品事业部为对象，将销量、利润、费用、渠道建设等主要的经营指标分解下达给各事业部，使权责利相连，就能实现公司的总体财务管理目标。

（三）内部规章制度

企业内部有各种各样的规章制度对企业经营管理活动进行规范和指引。这些规章制度体系的建设和实施在某种程度上体现了企业的内部管理水平。如果企业内部具有完备、健全的管理制度并且能得到严格执行，就意味着企业的财务管理具有较好的基础，企业财务管理工作具有较高的起点。这样，企业更加容易走上规范化的轨道并带来理想的财务管理效果。若企业内部规章制度不健全，或者有制度但没有严格执行，就必然给企业财务管理工作带来困难。

1. 内部规章制度体系建设

内部的规章制度体系通常围绕企业的六项经营活动（技术、商业、业务、安全、会计和管理）进行建设，主要包括行政管理制度、人事管理制度、生产技术管理制度、质量检验制度、企业经济合同管理制度、产品供应管理办法、销售管理制度、安全生产管理制度、审计工作制度、内部控制制度、公司薪酬制度、预算管理制度等。

完善、适度、规范的内部规章制度体系可以使财务决策有章可循，提高财务活动效率，但是过度的规章制度体系则会变成繁文缛节，起到相反的作用。

2. 内部规章制度体系的执行力

内部规章制度是否能够提高财务活动效率，除了由规章制度体系本身是否完善、适度、规范决定以外，还取决于规章制度的执行是否有效。例如，大多数较大规模的企业都制定了全面预算的管理制度，但若不能从上至下、全员参与到其中，或者即使参与制定预算但不按照一定的标准和制度执行，这些制度也只是形同虚设。

除了以上几点，企业内部财务环境还包括企业的生产经营规模、企业文化和企业自身筹资、投资和经营的能力，以及企业财务管理部门的整体水平。因此，企业财务管理部门和人员应该充分认识到自身在企业经营中的重要地位，积极探索适合本企业的管理模式和思路，随时根据市场动向做出灵活反应，强化内部管理水平，降低各种消耗，积极主动地促进企业微观财务环境的优化。

三、财务管理的外部环境分析

企业的外部环境是指企业外部影响财务活动的各种因素，有的属于宏观财务环境，如国家的经济环境、法律环境和文化环境；有的属于微观财务环境，如产品销售市场、原材料供应市场等。以下重点探讨宏观环境的外部环境内容及其对企业财务管理的影响。

（一）经济环境

财务管理的经济环境是影响财务管理的一切经济因素的总和，一般包括经济管理体制、经济发展水平、经济周期、经济政策、通货膨胀和市场的完善有效性等。

1. 经济管理体制

经济管理体制是国家的基本经济制度，是在一定的社会制度下，经济关系的具体形式以及组织、管理和调节国民经济的体系、制度、方式、方法的总称。目前，世界上典型的经济管理体制有计划经济管理体制和市场经济管理体制两种类型。中国的经济管理体制已经基本实现了市场经济管理体制的变革。

市场经济管理体制的基本特征是：政府宏观管理与调控不再是配置资源的前提，配置资源的主体是市场，企业成为“自主经营、自负盈亏”的经济实体，有独立的经营权，同时也有独立的财权。企业可以根据自身发展的需要，确定合理的资本需求，然后选择合适的方式筹集资本，再把筹集到的资本投放到效益高的项目上，最后将收益根据需求进行分配，保证企业自始至终根据自身条件和外部环境变化做财务决策。

市场经济管理体制对企业财务管理工作的影响主要体现在：要求企业面向市场进行财务管理活动，而不是接受政府的行政命令；要求企业将利润最大化或企业价值最大化作为财务管理的目标，而不是完成国家下达的指标；企业自主进行筹资、投资和利润分配决策，国家不直接参与；企业主要通过市场进行预测和决策，而不是按照行政命令下达的财务计划进行财务管理；财务管理成为独立于企业生产经营的管理活动，企业财务部门可以独立完成筹资、投资和分配等活动。

2. 经济发展水平

不同国家的经济发展水平是不同的，市场的成熟度也存在差距。这些都会影响企业的财务管理活动。通常将处于不同经济发展阶段的国家分为发达国家、发展中国家和不发达国家三个群体。

发达国家的市场机制已比较成熟，在市场经济环境下已经积累了丰富的理论和实践经验，因此财务管理理论水平较高，管理活动创新能力很强，财务管理的方法和手段也非常科学、严密；发展中国家的现代商品经济相对起步较迟，市场经济发展水平不高，但发展中国家企业财务管理的内容和方法手段能够在学习发达国家先进理论的基础上快速更新，同时受政策影响显著，出现不是很稳定的特征；不发达国家经济发展水平低，企业经济活动内容简单，企业规模小，因而，无论在财务管理的内容、方法还是手段上都落后于发达国家和发展中国家。

3. 经济周期

经济周期是指在整个国民经济活动中所出现的由扩张到收缩的循环往复。这种循环往复呈现周期性波动特征，主要包括经济复苏阶段、经济繁荣阶段、经济衰退阶段和经济萧条阶段。这种起伏更替的周期波动直接影响几乎所有的产业和企业。

在经济周期的不同阶段，企业的规模、销售能力、获利能力以及相关的资本需求都会表现为不同的特征，对企业的财务策略会产生不同的影响，因而会影响财务管理的手段、方法。

4. 经济政策

经济政策是国家进行宏观经济调控的重要手段。国家根据不同时期社会经济发展的战略要求制定出不同的经济政策，包括产业发展和升级政策、经济结构调整政策、区域经济发展政策、金融政策和财税政策等，构成了现代企业重要的财务管理环境，对企业的筹资、投资和收益分配活动都会产生重要影响。

例如，具有优惠性的财税政策会影响企业的资本结构和投资项目的选择，产业政策和经济结构调整政策会影响资本的投向、投资回收期及预期收益。经济政策会随经济状况的变化而调整。如果企业能够及时地预测某项经济政策，把握住投资机遇，就能享受国家的优惠条件，从而得到巨大的收益。

5. 通货膨胀

通货膨胀是影响企业财务管理的重要因素，因为它直接对企业的现金流量和管理策略产生重大影响。通货膨胀不仅对消费者不利，对企业财务活动的影响更为严重。首先，企业资金需求不断膨胀。因为物价上涨，同等数量的存货会占用更多的资金；企业为减少原材料涨价所受损失往往提前进货，超额储备，资金需要量增加；资金供求矛盾尖锐，企业间相互拖欠货款的现象严重，应收账款增加，资金流动质量变差；通货膨胀时，按历史成本原则核算，会造成成本虚低，利润虚增，而可用资金不足，企业想要维持正常生产，就需要增加资金。其次，资金供给持续性短缺。因为政府为控制通货膨胀，紧缩银根，减少了货币资金供应量；物价上涨，引起利息率上涨，使股票、债券价格暴跌，增加了企业在资本市场筹资的难度；同时物价上涨时，银行贷款的风险加大，贷款的条件也更加苛刻。最后，货币性资金不断贬值。有价证券价格的不断下降使企业倾向于具有保值性的实物性资产的投资。

企业应当采取适当措施防范通货膨胀给企业造成的不利影响。在通货膨胀初期，货币面临着贬值的风险。企业可以加大投资，避免风险，实现资本保值；与客户签订长期购货合同，减少物价上涨造成的损失；借入长期负债，保持资本成本的相对稳定。在通货膨胀持续期，企业应采用偏紧的信用政策，减少企业债权或调整财务政策，防止和减少企业资本流失等。

6. 市场的完善有效性

企业依赖市场存在和发展，市场环境影响企业的财务活动。从企业所处的市场环境竞争态势来看，市场类型可以划分为完全竞争市场、不完全竞争市场、寡头垄断市场和完全垄断市场。

对于计划在证券市场上融资和投资的企业而言，证券市场的效率对财务决策也具有重要的影响。从证券市场上股票价格与相关信息的角度来看，证券市场可以划分为强式有效市场、半强式有效市场和弱式有效市场。

第一，强式有效市场。这种类型的证券市场是指证券价格完全反映了所有与价格变化有关的信息，包括历史信息、公开信息和内部信息。在这种市场上，证券价格取决于其实际价值，因而，即使个别投资者在偶尔几次投资活动中获得超常利润，也不可能长期稳定地保持这种收益，总的投资结果将只能获得平均利润，靠造假手段无法真正影响证券价格。

第二，半强式有效市场。这种类型的证券市场是指证券价格反映了所有历史信息和公开信息，但不能反映其内部信息。这种市场的效率程度要低于强式有效市场，但是公开发表的信息越迅速、越完整地被投资者获知，证券市场将会越有效率，但将会反过来减少投资者赚取超额利润的机会。

第三，弱式有效市场。这种类型的证券市场是指证券价格反映了所有过去证券价格变动的资料和信息，但却不能及时、有效、全面地反映所有公开信息，更不能反映内部信息。这种市场的效率程度比半强式有效市场还要低，证券价格的未来走向与其历史变化没有任何必然联系，证券价格的历史数据不能用来预测未来价格的变化情况，因此，投资者无法用过去的信息来判断目前的证券价格是否合理。

（二）法律环境

财务管理是一种社会行为，一定会受到法律规范的约束。财务管理的法律环境是指个体在从事财务活动以及在处理各种财务关系时所应遵守的各种法律、法规和制度。市场经济是以法律规范和市场规则为特征的经济体制。法律规定了企业经营活动的空间，也为企业自主经营提供了法律保护。目前，直接影响财务主题的财务机制运行的重要法律规范主要包括财政税务法规、金融证券法规、财务会计法规、企业组织类法规等。

1. 财政税务法规

税收是国家凭借政治权利无偿征收实物或货币，来取得财政收入的一种手段。由于国家财政收入的主要来源是企业所缴纳的税金，而国家财政状况和财政政策对企业资金供应和税收负担具有重要影响，同时，国家各种税种的设置、税率的调整还具有调节生产经营的作用。因此，企业的财务管理决策应当适应税收政策的导向，合理安排资金投放，以追求最佳经济效益。

税法是由国家机关制定的、调整税收征纳关系及其管理关系的法律规范的总称。中国税法的构成要素主要有征税人、纳税义务人、征税对象、税目、税率、纳税环节、计税依据、纳税期限、纳税地点、减税免税、法律责任等。中国现行税法规定的主要税种包括增值税、消费税、资源税、企业所得税和个人所得税等。税收是企业的一种费用，会增加企业的现金流出，对企业财务管理具有重大影响。

税收对财务管理的影响具体表现在融资决策、投资决策、利润分配决策方面。例如，在融资决策中，按照国际惯例和中国现行所得税制度，企业借款利息可在所得税前予以扣除，减少了企业的应纳税所得额，取得财务杠杆效应，而其他筹资方式则无此优势。在投资决策中，企业投资建立不同形式、不同规模的经济组织，投资于不同的行业，投资经营不同的业务，都会面临不同的税收政策。例如，中国现行企业所得税法规定了投资于特定行业（如高新技术产业等）以及农业企业的优惠政策。在企业利润分配决策中，税金与利润呈反向变动关系。一定时期内企业承担的税金增加，则利润必然会减少；反之亦然。现实税率的变动会引起企业现实利润的变动，预计税率的变动会影响利润的预测值。

2. 金融证券法规

针对金融市场及相关金融证券的法规既为企业提供了一个规范化的财务管理环境，同时也对企业的财务管理活动提出了严格的要求。主要的金融证券法规有《中华人民共和国证券法》《中华人民共和国人民银行法》《中华人民共和国商业银行法》《中华人民共和国票据法》《企业债券管理条例》《支付结算办法》《中华人民共和国外汇管理条例》《信贷资产证券化试点管理办法》等。

企业理财活动既受到保护，又受到约束。例如，《中华人民共和国证券法》的出台就要求所有企业在发行、转让、购买证券的过程中要严格履行各种法律程序，承担各种法定责任。这样，证券市场即成为规范化的市场，企业从事各种证券业务也得到有效的保障。又如，《中华人民共和国票据法》要求企业在运用票据结算时应及时履行各种义务，在客观上为商业信用的普及提供保障。

3. 财务会计法规

财务会计法规制度是规范企业财务活动、协调企业财务关系的行为准则。财务会计法规对于促进企业依法自主经营、自负盈亏、自我发展、自我约束，使企业成为产权明晰、权责明确、政企分开、管理科学的现代企业，具有重要的意义。

4. 企业组织类法规

关于企业组织的法规直接决定了企业财务运行可能的方式和环境。企业组织类法规有《中华人民共和国公司法》《中华人民共和国全民所有制工业企业法》《中华人民共和国个人独资企业法》《中华人民共和国合伙企业法》《中华人民共和国乡镇企业法》《中华人民共和国中小企业促进法》等。不同组织类型的法规对不同企业的投资、筹资和分配政策以及相关的公司治理机制安排都做出了不同的规定，在很大程度上影响了企业的财务管理行为。

5. 其他法规

除了以上体系，还有一些监管法规，如《中华人民共和国审计法》《中华人民共和国企业破产法》《中华人民共和国合同法》《中华人民共和国商标法》《中华人民共和国专利法》《中华人民共和国著作权法》，以及《中华人民共和国反不正当竞争法》等。这些法律法规和其他法规一起，对财务的运行也发挥着极为重要的作用。

（三）文化环境

财务管理的文化环境是指对财务活动的形成和发展具有制约和影响作用的各种文化因

素的总和，包括思想观念、价值趋向、思维方式、行为准则以及语言文字、风俗习惯等。在不同的社会或地区，不同文化因素组成的文化环境会表现出明显的差异。这种差异会直接影响企业的财务管理行为。

根据文化的固有性质及其与社会的关系，可将文化分为专业文化和社会文化两类。“专业文化”是指该特定的专业群体为其专业目标的实现而共同遵守的核心价值观和共同的价值取向，充分体现专业群体成员共同的追求与理念，是对专业中个体行为形成内在和外在的指导与规范，也就是将专业的价值理念内化成专业成员的自觉行为。“社会文化”是指在相应社会系统、社会关系中获得社会属性、具有社会功能的文化现象和文化客体。这种文化几乎存在于每一个社会环节中，如价值观念、道德水平等。

1. 专业文化

财务管理作为一门独立的学科产生于 19 世纪末，但其理论是在 20 世纪 50 年代以后才取得巨大进展。这主要是由于数学和计算机等专门技术在财务管理领域的广泛应用，如资本资产定价模型、期权定价模型和套利定价理论等都依托于数学的推导方法。财务管理从以定性管理方法为主逐步发展为定性与定量管理方法并重，主要得益于效用理论、线性规划、概率分布和模拟技术等数量化方法在财务管理研究中的应用，如在财务风险的控制和财务决策中，理财的数量化方法占有很高的地位。21 世纪以来，随着计算机技术和网络技术的迅猛发展和广泛应用，财务管理在手段上完成了从手工到信息化的飞跃，理财效率迅速提高，扩大了信息处理和传递范围，为及时、准确、充分地处理和传递各种信息提供了可能，形成了网络化的财务管理信息系统。基于这种平台与技术，一些远程的管理、控制及跨国财务活动已成为现实。

2. 社会文化

社会文化的内容十分广泛，包括教育、科学、艺术、舆论、新闻出版、广播电视、卫生体育、世界观、理想以及同社会制度相适应的权利义务观念、组织纪律观念、价值观念等。

第四节　财务管理的程序及方法

一、财务预测及方法

财务预测是财务人员根据历史资料，依据现实条件，运用特定的方法对企业未来的财务活动和财务成果所做出的科学预计和测算。进行财务预测，是提高企业财务管理的预见性，避免盲目性，争取最优财务成果的重要措施。

财务预测的方法很多，在预测时应根据具体情况有选择地利用这些方法。企业财务管理中常用的方法有定性预测法和定量预测法。

（一）定性预测法

定性预测法又称经验判断法，是一种凭借预测者个人或集体的智慧和经验进行分析、预测的方法。这种方法一般是在企业缺乏完备、准确的资料的情况下采用的。其预测过程是：首先，由熟悉企业财务情况的专家，根据过去所积累的经验，进行分析判断，提出预测的初步方案；其次，再通过召开座谈会等形式，对上述预测方案进行讨论和补充；最后，得出预测结果。

（二）定量预测法

定量预测法是根据变量之间存在的数量关系，建立数学模型来进行预测的方法。定量预测法又可分为趋势预测法和因果预测法。

趋势预测法是按时间顺序排列历史资料，根据事物发展的连续性来进行预测的一种方法。因为是按时间顺序排列历史资料，所以又称时间序列预测法。这类方法又可细分为算术平均法、加权平均法、指数平滑法、直线回归分析法和曲线回归分析法。

因果预测法是根据历史资料，并通过仔细分析，明确地找出要预测因素与其他因素之间的因果关系，建立数学模型来进行预测的一种方法。

二、财务决策及方法

财务决策是指在财务预测的前提下，在若干种经营和财务活动方案中，选择最优方案的资决策和利润分配决策等。财务决策包括以下几个步骤：①确定决策目标；②提出备选方案；③选择最优方案。

财务决策的方法有很多，在企业财务管理中常见的有以下几种方法。

（一）优选对比法

优选对比法是把各种不同的方案排列在一起，按其经济效益的好坏进行优选对比，进而做出决策的方法。它是财务决策的基本方法。它可分为总量对比法、差量对比法和指标对比法。

总量对比法是将不同方案的总收入、总成本或总利润进行对比，以确定最佳方案的一种方法。

差量对比法是将不同方案的预期收入之间的差额进行比较，求出差量，进而作出决策的方法。

指标对比法是把不同方案的经济效益指标进行对比，来确定最优方案的方法。例如，在进行长期投资决策时，可用不同投资方案的净现值、内含报酬率和现值指数等指标进行对比，从而选出最优方案。

（二）数学微分法

这是根据边际分析原理，运用数学微分方法，对具有曲线联系的极值问题进行求解，进而来确定最优方案的一种决策方法。

（三）线性规划法

这是根据运筹学原理，对具有线性联系的极值问题进行求解，从而确定最优方案的一种方法。

（四）概率决策法

这是一种风险决策的方法，由于企业对未来情况不十分明了，但各有关因素的未来状况及概率是可以预知的，因此用概率统计的方法来计算各个方案的期望值和标准离差，从而作出决策。

三、财务预算及方法

财务预算是运用专业技术手段和数学方法，根据管理要求和企业实际，对未来财务活动所做出的科学安排。它是财务预测和财务决策所确定的经营目标的具体化，也是财务控制、分析的主要依据。

财务预算的方法有以下几种。

（一）固定预算法

固定预算法是按照计划期内固定单一的经济活动水平来编制预算的一种方法。这种方法的主要特点是预算编好后，在预算期内除特殊情况外，一般不作变动，具有相对固定性。固定财务预算由一些财务指标所组成，确定指标的方法有平衡法、因素法、比例法和定额法等。

（二）弹性预算法

弹性预算法是指企业在不能准确预测业务量的情况下，根据资金、成本、利润与业务量之间有规律的联系，按照一系列不同的业务量来编制预算的一种方法。弹性预算法的编制程序一般为：

第一，选择和确定经济活动水平的计量单位（如产品产量、直接人工小时、销售量）。

第二，确定不同情况下经营活动水平的范围，通常以正常生产经营条件下业务量的70%~120%为宜，其中弹性间隔以5%~10%为宜。

第三，确定资金、成本、利润同业务量水平下的预算指标。

第四，通过一定的表格进行汇总，编制出弹性预算。

弹性预算的主要优点是能够适应不同的实际经营水平的需要，其缺点是编制工作比较麻烦。

（三）滚动预算法

滚动预算法是指计划期随着时间的推移而自行延伸的一种编制预算的方法。在这种预算方法下，预算期始终保持在某一特定的期限（通常为一年）之间。这就是说，当年度预算中某一季度或月份计划执行完毕时，其相邻的下一季度或月份预算立即递补，以使年度预算一直含有4个季度预算或12个月份的预算。

滚动预算的优点是始终使预算的执行者既有近期目标，也有远期目标，能有效克服短期行为。但滚动预算的编制工作比较复杂，特别是那些时间比较长的滚动预算，工作量更大。

四、财务控制及方法

财务控制是利用有关信息和特定手段，对企业财务活动施加影响或调节，使之按设定的目标和轨迹运行的过程。实行财务控制是落实预算任务、保证预算实现的有效措施，是企业财务管理的关键。财务控制要经过以下几个步骤：①制定控制标准，分解落实责任；②实施追踪控制，及时调整误差；③分析执行情况，搞好考核奖惩。

财务控制方法有许多，现说明最常见的几种。

（一）防护性控制

防护性控制又称排除干扰控制。是指在财务活动产生前，就制定一系列制度和规定，把可能产生的差异予以排除的一种控制方法。例如，为了保证现金的安全和完整，就要规定现金的使用范围，制定好内部牵制制度；为了节约各种开支费用，则可事先规定开支标准等。

排除干扰是最彻底的控制方法，但排除干扰要求对被控制对象要有绝对的控制能力。在财务管理中，各种事先制定的标准、制度、规定都可以看作是排除干扰的方法。

（二）前馈性控制

前馈性控制又称补偿干扰控制。是指通过对实际财务系统运行的监视，运用科学预测可能出现的偏差，采取一定措施，使差异得以消除的一种控制方法。这种方法要求掌握大量信息，并进行准确预测。

（三）反馈性控制

反馈性控制又称平衡偏差控制。是在认真分析的基础上，发现实际与计划之间的差异，确定差异产生的原因，采取确实有效的措施，调整实际财务活动或调整财务计划，使差异得以消除或避免今后出现类似差异的一种控制方法。

五、财务分析及方法

财务分析是根据有关信息资料，运用特定方法，对企业财务活动过程及其结果进行分析和评价的一项工作。通过财务分析，可以掌握各项财务计划指标的完成情况，评价财务状况，研究和掌握企业财务活动的规律，改善财务预测、决策、计划和控制，提高企业经济效益，改善企业管理水平。财务分析包括以下几个步骤：①占有资料，掌握信息；②指标对比，揭露矛盾；③分析原因，明确责任；④提出措施，改进工作。

常见的财务分析方法有对比分析法、比率分析法、因素分析法和综合分析法四种。

（一）对比分析法

对比分析法又称比较分析法，是通过两个或两个以上相关指标进行对比确定数量差异，揭示企业财务状况和经营成果的一种分析方法。在实际工作中，对比分析法的形式主要有：实际指标与计划指标对比、同一指标纵向对比、同一指标横向对比三种形式。

（二）比率分析法

比率分析法是指利用财务报表中的相关数值的比率来揭示企业财务状况和经营成果的一种分析法。在企业财务分析中，比率分析法的应用比较广泛，因为只采用有关数值的绝对数对比不能深入揭示事物的内在矛盾，而比率分析法是从财务现象到本质的一种深化，它比比较分析法更具有科学性。

（三）因素分析法

因素分析法是在测定某项财务指标与所设定的比较指标出现差异时，针对所出现的差异进行各因素影响程度分析的方法。使用这种方法可以取得各项制约因素变动对综合指标影响程度的数据，有助于了解原因，分清责任，评价企业的经营工作；同时，也可以通过因素分析，抓住主要矛盾，有的放矢地解决问题。

（四）综合分析法

综合分析法是把有关财务指标和影响企业财务状况的各种因素都有序地排列在一起，综合地评价企业财务状况和经营成果的一种方法。对任何单一指标、单一因素进行分析，都不能全面评价企业的财务状况及发展变动趋势，必须进行综合分析，才能对企业财务状况作出全面、系统的评价。在进行综合分析时，可采用比率综合分析法、因素综合分析法和杜邦体系分析法等。

综合分析法是一种重要的分析方法，它对全面、系统、综合地分析企业财务状况具有十分重要的意义。但综合分析法一般都比较复杂，所需资料很多，工作量比较大。

第二章　财务管理的内容范畴

第一节　筹资管理

一、筹资的概念和目的

（一）筹资的概念

筹资是每个企业必然会遇到的财务问题，从概念上来说企业筹资是指企业作为筹资主体根据其生产状况、经营状况、投资状况和调整资本结构状况的需要，通过一定的筹资渠道和金融市场，科学合理的运用筹资方式，高效地筹措和集中资本的活动。企业筹资活动是其开展各种生产经营活动的基础，企业筹资管理也是企业财务管理的一项主要内容，能否及时有效地筹集资金关系到企业是否能够获得健康良好的发展。

筹资对企业的影响是广泛而深刻的，它贯穿于企业创建和发展的整个过程。在企业创建时，如果达不到法定的资本规模，那么会计师事务所是无法出具企业验资证明的，同时工商管理部门也不会为其办理注册登记手续，发放营业执照，这种情况下企业是不能进行生产经营活动的。

在企业生产经营过程中，资金更是企业发展必不可少的要素。企业生产经营规模的扩大、生产结构的调整、新产品的研制开发、公益活动的开展都离不开资金的支持。企业为了提高自己的额外收益、稳定供求关系会进行一系列的投资行为，在这个过程中，企业也必须进行资本的筹集。负债是企业发展过程中的不稳定因素，企业为了保证健康的发展必须降低负债比率，减轻偿债压力，这也需要及时筹集资本、调整资本结构。

（二）筹资的目的

随着企业规模的不断扩大，其需要的资金不断增多，商品生产者只使用自己的本金，很难满足企业的发展需要。企业扩大再生产需要的资金投入，通常情况下会远远超过企业的利润，这时企业可以一部分资金为基础，借入别人闲置的资金，并让对方取得资金收益，这就是企业的筹资行为。筹资的目的主要有三大类。

1. 满足生产经营的需要

企业的生产经营活动可分为两种类型，即日常生产和扩大再生产。由于投资活动与企业的生产状况密切相关，相应的筹资活动也可分为两大类型，即满足日常正常生产经营需要的筹资和满足企业发展扩张需要的筹资。企业日常生产活动具有稳定性，这是保证企业稳定发展的基础，因此企业日常生产经营筹资无论是期限还是金额都具有稳定的特点。相对的，企业的扩大再生产是根据企业的发展状况而定的，为其服务的扩张型的筹资活动，其筹资时间的安排，筹资数量的多少都具有不确定性，其目的都从属于特定的投资决策和投资安排。无论是日常生产筹资还是扩大再生产筹资都属于生产经营筹资，其直接结果是增加企业资产总额和筹资总额。

2. 满足对外投资的需要

企业对投资的根本目的是获取额外的收益，针对不同的实际情况企业对外投资一般出于三个方面的考虑。

（1）充分利用闲置资金。这种考虑充分提高了企业资金的利用率，保证了企业资金的高效运作。

（2）获取利润。这种考虑通常是因为企业对外投资有高于企业对内投资的获利机会。

（3）服务生产。这种对外投资是指企业控制被投资企业的业务，其目的是使其配合本企业的生产经营活动。

3. 满足资金结构调整的需要

资金结构调整是每个企业都会遇到的财务问题，进行资金结构调整的目的是减少资金成本，降低筹资风险，调整所有者权益与负债之间的比例关系。对每一个企业而言，资金结构调整都是事关企业资金运作稳定的重大的财务决策事项，同时也是企业筹资管理的重要内容。企业应根据实际状况进行适当的自己结构调整，当负债率上升或经营前景不佳时，企业可减少负载筹资比例，增加所有者权益的筹资比例；当负载率下降时，企业则可才采取相反的措施。

二、筹资分类

筹资管理是企业财务管理的一项基本内容，可以按多种标准进行不同的分类，现介绍最常见的两种分类。

（一）按资金使用期限的长短分类

企业对资金的使用是有时间限制的，在筹资过程中企业必须按照规定的期限归还投资者本金并支付其额外收益。我们按照企业筹集资金所使用期限的长短，可把企业筹集的分为短期资金与长期资金两种。

短期资金是指企业使用时间较短的资金，这个期限一般在一年以内。企业筹集短期资金一般不用于生产活动，而是主要用于短期现金支付、账款、存货等可短期收回的项目。短期资金经常采用的筹资形式有用商业信用、银行流动资金借款等。

长期资金是指企业使用时间较长的资金，一般情况下企业可使用筹集资金一年以上。长期资金主要用于企业的生产领域，包括新产品的开发和推广、生产规模的扩大、厂房和设备的更新。长期资金的回收期限也比较长，一般需几年甚至十几年。长期资金常采用的筹资形式有吸收投资、发行股票、发行债券、长期借款、融资租赁、留存收益等。

（二）按资金的来源渠道分类

企业的资金来源有多种渠道，不同的筹资渠道对企业的财务关系有不同的影响，按照筹资者筹集资金渠道的不同，企业资金分为所有者权益和负债两大类。

所有者权益是指投资人通过投资获得的对企业净资产的所有权，主要包括投资者投入企业的资本及持续经营中形成的经营积累（资本公积金、盈余公积金、未分配利润）两个方面。资本是一种有属性的资金，它是企业在工商行政管理部门登记的注册资金，也是投资者以实现盈利和社会效益为目的，用以进行生产经营、承担民事责任而投入的资金。负债则有所不同，它是企业所承担的能以货币计量、须以资产或劳务偿付的债务，属于企业负资产的一部分。

企业的所有者权益资金的筹集方式主要包括发行股票、吸收直接投资、内部积累等。所有者权益资金具有特殊性，企业一般情况下是不用归还的，因此所有者权益资金被作为企业的自有资金或主权资金。

企业负债资金主要包括发行债券、银行借款、融资租赁等方式，这些资金在性质上属于企业的负债。企业负债资金到期要归还投资者本金和利息，因而我们又可以称之为企业的借入资金或负债资金。企业采用借入资金的方式筹集资金，其缺点是资金筹集需要承担较大风险，优点是付出的资金成本较低。企业采用自有资金的方式筹集资金，财务风险小，但付出的资金成本相对较高。

三、筹资的原则

企业的财务活动是一个完整的资金运作系统，而筹集资金恰恰是企业财务活动的起点，为了更好地实现企业财务目标，经济有效地筹集资金，企业筹资时应遵循以下基本原则。

（一）规模适当原则

企业的筹资规模并不是越大越好，它受到企业的资金需求量和国家法律、法规及合同等因素的制约。企业在投资决策时要明确企业资金的需求量，无论通过什么渠道，采取什么方式筹集资金，都必须与企业自身需求相适应。科学地看，企业筹集资金不足会影响企业生产经营发展，制约企业规模的扩大；企业筹集资金过多，会影响资金的使用效果，增加企业的负担和经营风险。所以，这就要求企业财务人员要认真分析企业的生产经营状况，务必采用科学的预测方法，准确预测企业资金的需要量，确定科学合理的筹资规模。

（二）筹措及时原则

企业筹资的资金必须及时得到利用才能发挥其应有的作用，企业资金的筹集与资金的投放在时间上具有一致性。筹措及时就是指企业筹集资金应根据资金的投放使用时间来合理安排，使筹资和用资在时间上能够合理有效的相衔接。企业资金具有宝贵的时间价值，企业财务人员应该清楚地认识到这一点，并根据资金需求的具体情况，合理安排资金的筹集时间，适时获取所需资金。如果出现筹资过早的状况，那么资金就会因为得不到及时的利用而造成投资前的资本闲置，相应地如果出现筹资滞后的状况，那么可能会贻误投资的最佳时机，导致投资失败的出现。

（三）来源合理原则

资金的来源渠道和资金市场为企业提供了资金的源泉和筹资场所，它反映资金的分布状况和供求关系，决定着筹资的难易程度。不同来源的资金，在取得资金的条件、难易程度上都有所不同，这些因素可以对企业的收益和成本形成直接的影响，因此，企业在进行筹集决策时应认真研究资金来源渠道和资金市场，合理选择资金来源。

（四）方式经济原则

企业不论以何种方式筹集资金都需要付出必要的代价，它不仅是企业资金成本，更是企业经营总成本的重要部分。我们知道以不同方式取得的资金，其资金成本和筹资的风险都是不同的，为此，我们必须对各种筹资方式进行分析、对比，综合考察各种筹资方式的资金成本和筹资风险等因素，充分尊重筹资的进行性，尽可能地降低资金成本，为提高企业利润打下良好的基础。

四、筹资的渠道

企业在做出筹集决策后，直接面临的是“筹集谁的资金”和“如何筹集资金”这两个问题，也就是说企业要对筹资渠道和筹资方式进行评估选择，以保证筹资的科学性和高效性。“筹集谁的资金”决定企业将与哪些主体形成资金投放关系，“如何”则决定了筹集的资金在企业中的属性。不同的筹资渠道和筹资方式有不同的特点，我们应该根据企业的内外环境和经营管理状况对不同的筹资方式加以区别，科学选择。

企业的筹资渠道是指企业筹集资本来源的方向与通道，体现着资本的源泉和流量。筹资渠道受到多种要素的影响，其中社会资本的提供者及其数量的分布对筹资渠道起决定性作用。如果社会资本的提供者较多，并且数量分布也比较广泛，那么企业对筹资渠道的选择将会变得广泛而灵活。合理的筹资渠道选择对企业至关重要，我们有必要充分认识企业筹资渠道的种类及其特点和适用性，这对于加强企业对筹资渠道的充拓和利用，有利于企业合理组合各种筹资渠道，从而有效地筹集资本。

现在企业常用的筹资渠道可以归纳为如下六种。

（一）政府财政资本

政府财政资本具有很强的局限性和政策性，通常只有国有企业才能够利用，在我国政府财政资本历来是国有企业筹资的主要来源。虽然我国实行市场经济政策，但国有企业包括国有独资公司，大多处于事关国家经济命脉的行业和领域，其资金安全问题关系到国家经济的兴衰，因此政府必须通过财政的力量来维护国有企业资金的稳定和安全。

目前，我国国有企业长期资本的大部分，在过去是由政府通过中央和地方财政部门以拨款方式投资而形成的，今后仍然是国有企业权益资本筹资的重要渠道。政府财政资本具有广阔的源泉和稳固的基础，并在国有企业资本金预算中安排，这对保证国有企业的资金安全和国家经济形势的稳定具有重要的作用。

（二）银行信贷资本

相对于政府财政资本的局限性，银行信贷资本则具有广泛性和开放性。目前，银行信贷资本是我国各类企业筹资的主要来源。在我国，银行分为商业性银行和政策性银行两大类。

商业性银行的主要经营内容是为企业提供各种商业贷款，并且是以营利为目的，其本质是从事信贷资金投放的特殊金融机构。目前，我国已经完成对中国工商银行、中国建设银行、中国农业银行等银行的商业改造，为广大企业的资金筹集提供了坚实的保障。

政策性银行是国家为了支持特定的领域和行业设置的提供政策性贷款的银行，目前我国的政策性银行有国家开发银行、农业发展银行和中国进出口银行三家。

银行可以广泛地吸收居民储蓄、单位存款等资本来源，并且拥有灵活多样的贷款方式，可以适应各类企业债权资本筹集的需要。

（三）非银行金融机构资本

非银行金融机构作为资本市场的一部分，也可以作为一些企业的筹资来源。非银行金融机构是指不包含银行在内的各种金融机构以及金融中介机构和金融服务机构。在我国，非银行金融机构主要包括租赁公司、保险公司、企业集团的财务公司以及信托投资公司、证券公司等，这些非银行金融机构可以集聚社会资本，融资融物；承销证券，提供信托服务。非银行金融机构可以为一些企业直接筹集资本或为一些公司发行证券筹资提供承销信托服务，虽然非银行金融机构筹资渠道的财力比银行小，但具有灵活性，使其有广阔的发展前景。

（四）其他法人资本

根据我国相关法律的规定，法人可分为企业法人、事业法人和团体法人等。法人在日常的资本运营周转中有时会形成部分暂时闲置的资本，为了充分利用闲置资本，发挥其经济效益，企业法人之间会相互融通，这就为企业筹资提供了一定的筹资来源，形成了一种新的筹资渠道。

（五）民间资本

由于经济的发展和生活水平的提高，我国企业和事业单位的职工和广大城乡居民持有大笔的闲置货币资本，他们可以也愿意对一些企业直接投资，为企业筹资提供资本来源。随着经济的发展和人们可支配收入的增多，民间资本会出现一个逐渐上涨的趋势，企业可以加大对民间资本的挖掘力度，充分地利用各种民间资本。

（六）企业内部资本

企业内部资本主要是指企业通过提留盈余公积和保留未分配利润而形成的资本，它具有不稳定性，会随着市场和经营状况的变化出现波动。企业内部资本不需要通过特定的方式筹集，而是直接在企业内自动生成或转移，并且有盈利的企业可以根据企业的盈利状况加以利用。

从上面的描述中我们可以看出，不同渠道的资金筹集方式，货币供应量方面存在较大差异。企业在进行筹资决策时应对这些筹资渠道进行分析，充分了解各种筹资渠道资本的存量与流量大小，并结合企业实际状况，正确、合理地利用筹资渠道。

五、筹资方式的选择

筹资方式是指企业筹集资金所采取的具体形式，体现着不同的经济关系（所有权关系或债权关系）。了解筹资方式的种类及每种筹资方式的特点，有利于企业选择适宜的筹资方式，有效地进行筹资组合。

企业常用的筹资方式有：吸收直接投资、发行股票、利用企业内部积累、银行借贷、发行债券、租赁、商业信用。其中前三种筹资方式属于权益资金筹集，后四种属于负债资金筹集。

（一）权益资金筹集

权益性资金是企业所有者投入企业的资金及经营中所形成的积累，它反映企业所有者的权益。其出资人是企业的所有者，拥有对企业的所有权，企业可以独立支配其所占有的财产，又有出资者投资形成的全部法人资产权。①

权益资金的筹资方式主要有以下几种：吸收直接投资、发行普通股票、发行优先股票、利用企业内部积累。

1. 吸收直接投资

根据投资者与筹资者的关系不同，筹资者的筹资方式可以分为直接筹资和间接筹资。

① 刘娥平．企业财务管理［M］．北京：科学出版社，2013：43.

直接筹资即筹资者不经过任何其他渠道直接从最终投资者获得资金，筹资者与投资者形成一种直接的借贷关系或者是投资资本关系。直接筹资的资金来源主要有国家资金、法人资金、个人资金、国外资金。

吸收直接投资可采取以下方式：

（1）现金投资。投资各方以现金向企业投资是最常见的一种出资方式。有了现金便可获得其他物质资源。企业在筹建时，必须吸收一定量的现金。

（2）实物投资。以企业所需的厂房、建筑物、设备等固定资产和原材料、燃料等流动资产所进行的投资。以实物投资必须进行评估作价，核实资产。投资实物的具体作价可由双方按公平的原则协调确定。也可以聘请各方认可的专业资产评估机构评定。实物出资一般要符合下列要求：为企业生产经营、科研开发等所需要；技术性能良好；作价公平。

（3）无形资产投资。是以专有技术、商标权、专利权、土地使用权等来进行投资。应注意无形资产投资数额不得超过规定的无形资产限额，如按规定，我国有限责任公司无形资产出资额不得超过其注册资本的20%，高新技术成果有特别规定的除外。

2. 发行普通股

普通股是股份有限公司发行的无特别权利的股份，也是最基本、最标准的股份。一般情况下，股份有限公司只发行普通股。

（1）按投资主体的不同可分为国家股、法人股、个人股等。个人股是社会个人或公司内部职工以个人合法财产投入公司而形成的股份。法人股是企业法人依法以其可支配的财产向公司投资而形成的股份或具有法人资格的事业单位和社会团体以国家允许用于经营的资产向公司投资而形成的股份。国家股是有权代表国家投资的部门或机构以国有资产向公司投资而形成的股份。

（2）按股票有无记名可以分为记名股和不记名股。不记名股是在票面上不记载股东姓名或名称的股票。这类股票的持有人，即股份的所有人具有股东资格。股票的转让也比较自由、方便，不需要办理过户手续。记名股是在股票票面上记载股东姓名或名称的股票。这种股票除了股票上所记载的股东外，其他人不得行使其权利，股份的转让需要经过严格的法律程序与手续办理过户。《中华人民共和国公司法》规定向发起人、国家授权投资机构、法人发行的股票，应当为记名股。①

（3）按发行对象和上市地区的不同可分为A股、B股、H股、N股等。A股是提供我

① 郑明望，阳祖友，董文秀. 财务管理［M］. 长沙：湖南大学出版社，2005：51.

国大陆地区个人或法人买卖的，以人民币表明票面金额并以人民币认购和交易的股票。B股、H股、N股是以人民币标明票面金额但以外币认购和交易的股票，专供外国和我国港澳台地区投资者买卖，但以外币认购和交易的股票（注：2001年2月19日起，B股开始对境外居民开放）。其中B股指在上海、深圳上市的股票；H股指在香港上市的股票；N股指在纽约上市的股票。

3. 发行优先股票

（1）优先股具有一定的优先权。这种优先权是相对于普通股而言的。优先股是具有双重性质的证券，它既属于权益资金，又具有一定的债权性质。企业对优先股还本义务，属于企业的权益资金，但其股利固定，类似于债权利息。优先股的优先权表现在两个方面：一是优先取得股息。当公司分配利润时，首先分给优先股股东，有剩余时，才分给普通股股东。二是优先分配剩余财产。当公司因经营不善解散或破产清算时，出售资产获得的收入，优先股股东位于普通股股东之前优先分配，因此，优先股的风险比普通股小。

（2）优先股的股息率预先确定，股息从税后利润中支付。优先股的股息率在发行时就预先规定，所以它的股利是固定的，一般按面值的一定比例来计算，受公司盈利状况影响较小。优先股股东每年应得的股息额等于股票的面值乘以股息率，但其金额仅限于优先股的票面价值，加上累积未支付的股利。优先股股息从税后利润中支付，这一点类似于普通股。

（3）优先股没有规定到期日。这一特征与普通股相同，但在优先股回收上，可以有两种特殊的处理方法：一是公司可在优先股的发行条款中规定回收的条件，以后按回收条件收回优先股，但一般的优先股发行公司并无回收的责任；二是公司可在优先股发行条款中规定优先股转换为普通股的条件，这种优先股在达到条件后可转换为普通股，这种转换过程实质上是优先股的回收过程。

（4）优先股没有参与权。优先股股东的管理权限是有严格限制的。优先股股东不能参加股东大会，没有选举和被选举董事的权利，也不能对公司重大经营决策进行表决，只有当公司研究与优先股有关的问题时，才有权参加表决。

4. 利用企业内部积累

企业内部积累是指企业的盈余公积、未分配利润等，是公司权益资金的一种，它来源于企业的生产经营活动所实现的净利润，包括企业的盈余公积和未分配利润两个部分。企业的税后利润并不全部分配给投资者，而应按规定的比例提取法定公积金。而且，向投资者分配利润后，还有一部分未分配利润。盈余公积是有特定用途的累积盈余，未分配利润是没有指定用途的累积盈余。这种筹资方式取决于企业盈利的多少及企业的分配政策。

内部权益资本的来源主要有两个方面：一是企业内部盈余积累；二是企业计提的固定资产折旧。

（1）企业内部盈余积累。企业内部盈余积累，是指企业税后利润进行分配后所形成的盈余公积和未分配利润。内部盈余积累可以说是企业权益资金的重要组成部分，这也是企业权益资本筹集的重要方式。

（2）提取固定资产折旧。企业提取的固定资产折旧是一种内部资金来源，它是从销售收入转化来的新增货币资金。尽管计提折旧并不增加企业权益资本总量。但能增加企业可以周转使用的现金，因而也可视为企业一种从内部筹集长期资金的方式。

（二）负债资金筹集

负债资金的筹集包括短期负债和长期负债两种，短期负债资金的筹集包括短期借款和利用商业信用。长期负债资金的筹集包括长期借款、发行公司债券和融资租赁。

1. 短期借款

短期借款是指企业向银行和其他非银行金融机构借入的偿还期在一年之内的各种款项，主要有生产周转借款、临时借款、结算借款等。

企业举借短期借款，一般先提出申请，经审查同意后借贷双方要签订相关借款合同，载明借款金额、期限、利率与违约责任等；企业需根据借款合同办理借款手续；借款手续履行完毕后，企业才可取得借款。

2. 长期借款

长期借款是指企业向银行或其他非银行金融机构借入的使用期超过一年的借款，主要用于购建固定资产和满足长期流动资金占用的需要。

我国目前各金融机构的长期借款主要有：

按有无担保来划分，主要包括信用贷款和抵押贷款。信用贷款指不需要企业提供抵押品，仅凭其信用或担保人信誉而发放的贷款。抵押贷款指要求企业以抵押品作为担保的贷款。

按用途划分，主要包括固定资产投资借款、更新改造借款、科技开发和新产品试制借款等。

按提供贷款的机构划分，主要包括政策性银行贷款、商业银行贷款等。

我国金融部门对企业发放贷款的原则是：按计划发放、择优扶植有物资保证、按期归还。

3. 商业信用

商业信用是企业间在商品交易过程中由于延期付款或预收货款而形成的借贷关系，是企业间直接的短期信用行为。具体形式主要包括应付账款、应付票据和预收账款等。

（1）应付账款。应付账款是企业购买货物暂未付款而欠对方的账项，是一种卖方信用。销售方通过赊销可以吸引客户，增加销售收入，减少库存积压。赊购方则可以通过延期付款获得相当于货款金额的短期资金。如果赊购业务能保持一定的规模，则企业可以获得一定数量的、比较稳定的资金来源。

（2）应付票据。应付票据是企业进行延期付款商品交易时开具的反映债权债务关系的票据。和应付账款一样，也是一种卖方信贷。应付票据最长支付期不超过 6 个月，可以带息，也可以不带息。企业通过无息票据获得的信用是免费信用，通过带息票据获得的信用是有代价信用，带息票据的利率一般比银行借款低，且不用保持相应的补偿余额和支付协议费。但到期必须归还，否则便要交付罚金，因而风险较大。

（3）预收账款。预收账款是企业在进行商品销售时通过预收部分或全部货款的方式取得的信用形式。和应付账款不同，它是一种买方信用。预收账款相当于向买方借用资金后用物资抵偿。一般用于生产周期长、资金需要量大的货物销售。如果以预收账款方式销售的商品价格低于正常销售商品的价格，则这种信用是有代价信用，信用成本即商品价格的差额；如果以预收账款方式销售的商品价格和正常销售的商品价格相同，则这种信用为免费信用。

此外，还存在一些在非商品交易中产生，但亦为自发性融资的应付费用，如应付工资、应交税金、其他应付款等。应付费用使企业收益在前、费用支付在后，相当于享用了收款方的借款，一定程度上缓解了企业的资金需要。

4. 融资租赁

租赁是指出租人以收取一定的报酬为条件，在合同规定的期限内，将资产租借给承租人使用的一种契约性行为。租赁已成为企业筹资的一种方式。租赁按性质可分为经营租赁和融资租赁。经营租赁又称营运租赁，是一种出租人向承租企业提供租赁设备、人员培训等服务性业务的租赁形式。经营租赁一般为短期租赁。融资租赁是指由租赁公司按承租人的要求出资购买资产，并在合同规定的较长时期内提供给承租人使用的信用业务，它是现代租赁的主要类型。

第二节 项目投资管理

项目投资是一种实体性资产的长期投资，具有耗资大、时间长、风险大、收益高的特点。项目投资决策的成败，对于企业未来前景具有重要的甚至是决定性的影响。

一、项目投资的分类

项目投资，广义地说是指企业为了在未来取得收益而发生的投入财力的行为。它包括用于机器、设备、厂房的购建与更新改造等生产性资产的投资，简称项目投资；也包括购买债券、股票等有价证券的投资和其他类型的投资。本章所介绍的项目投资是一种以特定项目为对象，直接与新建项目或更新改造项目有关的长期投资行为。项目投资主要分为新建项目和更新改造项目两种。

（一）新建项目

新建项目是以新建生产能力为目的的外延式扩大再生产。新建项目按其涉及内容又可细分为两种：第一，单纯固定资产投资项目简称固定资产投资，其特点在于在投资中只包括为取得固定资产而发生的垫支资本投入，而不涉及周转资本的投入；第二，完整工业投资项目，其特点在于不仅包括固定资产投资，而且涉及流动资金投资，甚至包括无形资产等其他长期资产投资。

（二）更新改造项目

更新改造项目是以恢复或改善生产能力为目的的内涵式扩大再生产。所以，不能将项目投资简单地等同于固定资产投资。项目投资对企业的生存和发展具有重要意义，是企业开展正常生产经营活动的必要前提，是推动企业生产和发展的重要基础，是提高产品质量、降低产品成本不可缺少的条件，是增加企业市场竞争能力的重要手段。

二、项目投资的意义

项目投资是指以特定建设项目为投资对象的一种长期投资行为。与其他形式的投资相比，项目投资具有投资内容独特（每个项目都至少涉及一项形成固定资产的投资）、投资数额大、影响时间长（至少1年或一个营业周期以上）、发生频率低、变现能力差和投资风险高的特点。

从宏观角度看，项目投资有两个方面的积极意义：第一，项目投资是实现社会资本积累功能的主要途径，也是扩大社会再生产的重要手段，有助于促进社会经济的长期可持续发展；第二，增加项目投资，能够为社会提供更多的就业机会，提高社会总供给量，不仅可以满足社会需求的不断增长，而且会拉动社会消费的增长。

从微观角度看，项目投资有三个方面的积极意义：第一，增强投资者经济实力。投资者通过项目投资，扩大其资本积累规模，提高其收益能力，增强抵御风险的能力。第二，提高投资者创新能力。投资者通过自主研发和购买知识产权，结合投资项目的实施，实现科技成果的商品化和产业化，不仅可以不断地获得技术创新，而且能够为科技转化为生产力提供更好的业务操作平台。第三，提升投资者市场竞争能力。市场竞争不仅是人才的竞争、产品的竞争，而且从根本上来说是投资项目的竞争。

三、项目投资的主要流程

项目投资规模较大，所需资金较多的战略性项目，应由董事会提议，由各部门专家组成专家小组提出方案并进行可行性研究。投资规模较小、投资金额不大的战术性项目，由主管部门提议，并由有关部门组织人员提出方案并做可行性研究。项目投资的流程包括以下几个方面。

第一，估算出投资方案的预期现金流量。

第二，预计未来现金流量的风险，并确定预期现金流量的概率分布和期望值。

第三，确定资本成本的一般水平，即贴现率。

第四，计算投资方案现金流入量和流出量的总现值。

第五，通过项目投资决策评价指标的计算，做出投资方案是否可行的决策。

四、投资项目的可行性研究

（一）可行性研究的认知

可行性是指一项事物可以做到的、现实行得通的、有成功把握的可能性。就企业投资项目而言，其可行性就是指对环境的不利影响最小，技术上具有先进性和适应性，产品在市场上能够被容纳或被接受，财务上具有合理性和较强的盈利能力，对国民经济有贡献，能够创造社会效益。

广义的可行性研究是指在现代环境中，组织一个长期投资项目之前，必须进行的有关该项目投资必要性的全面考察与系统分析，以及有关该项目未来在技术、财务乃至国际经济等诸方面能否实现其投资目标的综合论证与科学评价。它是有关决策人做出正确可靠投资决策的前提与保证。

狭义的可行性研究专指在实施广义可行性研究过程中，与编制相关研究报告相联系的有关工作。

（二）可行性研究的内容

下面以广义的可行性研究为例阐述。广义的可行性研究包括机会研究、初步可行性研究和最终可行性研究三个阶段，具体又包括：环境与市场分析、技术与生产分析和财务可行性评价等主要分析内容。

1. 环境与市场分析

第一，建设项目的环境影响评价。在可行性研究中，必须开展建设项目的环境影响评价。所谓建设项目的环境，是指建设项目所在地的自然环境、社会环境和生态环境的统称。

建设项目的环境影响报告书应当包括以下内容：①建设项目概况；②建设项目周围环境现状；③建设项目对环境可能造成影响的分析、预测和评估；④建设项目环境保护措施及其技术、经济论证；⑤建设项目对环境影响的经济损益分析；⑥对建设项目实施环境监测的建议；⑦环境影响评价的结论。

建设项目的环境影响评价属于否决性指标，凡未开展或没有通过环境影响评价的建设项目，不论其经济可行性和财务可行性如何，一律不得采用。

第二，市场分析。市场分析又称市场研究，是指在市场调查的基础上，通过预测未来市场的变化趋势，了解拟建项目产品的未来销路而开展的工作。进行投资项目可行性研究，需要从市场分析入手。因为一个投资项目的设想，大多来自市场分析的结果或源于某一种自然资源的发现和开发，以及某一项新技术、新设计的应用。即使是后两种情况，也必须把市场分析放在可行性研究的首要位置。如果市场对于项目的产品完全没有需求，项目仍不能成立。

市场分析要提供未来运营期不同阶段的产品年需求量和预测价格等预测数据，同时要综合考虑潜在或现实竞争产品的市场占有率和变动趋势，以及人们的购买力及消费心理的变化情况。这项工作通常由市场营销人员或委托的市场分析专家完成。

2. 技术与生产分析

第一，技术分析。技术是指在生产过程中由系统的科学知识、成熟的实践经验和操作技艺综合而成的专门的学问和手段。它经常与工艺通称为工艺技术，但工艺是指为生产某种产品所采用的工作流程和制造方法，不能将两者混为一谈。

广义的技术分析是指在构成项目组成部分及发展阶段上一切与技术问题有关的分析论证与评价。它贯穿于可行性研究的项目确立、厂址选择、工程设计、设备选型和生产工艺确定等各项工作，成为与财务可行性评价相区别的技术可行性评价的主要内容。狭义的技术分析是指对项目本身所采用工艺技术、技术装备的构成以及产品内在的技术含量等方面的内容进行的分析研究与评价。技术可行性研究是一项十分复杂的工作，通常由专业工程师完成。

第二，生产分析。生产分析是指在项目确保能够通过对环境影响评价的前提下，所进行的厂址选择分析、资源条件分析、建设实施条件分析、投产后生产条件分析等一系列分析工作。厂址选择分析包括选点和定址两个方面的内容。前者主要是指建设地区的选择，主要考虑生产力布局对项目的约束；后者主要是指项目具体地理位置的确定。在厂址选择时，应通盘考虑自然因素（包括自然资源和自然条件）、经济技术因素、社会政治因素和运输及地理位置因素。生产分析涉及的因素多，问题复杂，需要组织各方面专家分工协作才能完成。

3. 财务可行性分析

财务可行性分析，是指在已完成相关环境与市场分析、技术与生产分析的前提下，围绕已具备技术可行性的建设项目而开展的，有关该项目在财务方面是否具有投资可行性的一种专门分析评价。

五、投资项目评价的方法

对投资项目评价时使用的指标分为两类：一类是折现指标，也称静态指标，即考虑了时间价值因素的指标，主要包括净现值、现值指数、内含报酬率等；另一类是非折现指标，也称动态指标，即没有考虑时间价值因素的指标，主要包括回收期、会计收益率等。根据分析评价指标的类别，投资项目评价分析的方法，分为折现的分析评价方法和非折现的分析评价方法两种。

（一）折现的分析评价方法

折现的分析评价方法，是指考虑货币时间价值的分析评价方法，也被称为折现现金流量分析技术。

1. 净现值法

净现值法使用净现值作为评价方案优劣的指标。所谓净现值，是指特定方案未来现金流入的现值与未来现金流出的现值之间的差额。按照这种方法，所有未来现金流入和流出都要按预定折现率折算为它们的现值，然后计算它们的差额。如净现值为正数，即折现后现金流入大于折现后现金流出，该投资项目的报酬率大于预定的折现率。如净现值为0，即折现后现金流入等于折现后现金流出，该投资项目的报酬率相当于预定的折现率。如净现值为负数，即折现后现金流入小于折现后现金流出，该投资项目的报酬率小于预定的折现率。只有净现值指标大于或等于0的投资项目才具有财务可行性。

净现值法所依据的原理是，假设预计的现金流入在年末肯定可以实现，并将原始投资看成按预定折现率借入的。当净现值为正数时，偿还本息后该项目仍有剩余的收益；当净现值为0时，偿还本息后一无所获；当净现值为负数时，该项目收益不足以偿还本息。

净现值法具有广泛的适用性，在理论上也比其他方法更完善。净现值法应用的主要问题是如何确定折现率：一种办法是根据资金成本来确定。由于计算资本成本比较困难，所以限制了其应用范围；另一种办法是根据企业要求的最低资金利润率来确定。根据资金的机会成本，即以一般情况下可以获得的报酬来确定，比较容易解决。

净现值法的优点是综合考虑了货币时间价值、项目计算期内的全部现金净流量和投资风险；缺点是无法从动态的角度直接反映投资项目的实际收益率水平，而且计算比较烦琐。

2. 现值指数法

现值指数法使用现值指数作为评价方案的指标。所谓现值指数，也称获利指数，是未来现金流入现值与现金流出现值的比率。

现值指数法的主要优点是，可以从动态的角度反映投资项目的资金投入与净产出之间的关系，可进行独立投资机会获利能力的比较，且计算过程比较简单；缺点是无法直接反映投资项目的实际收益率。

3. 内含报酬率法

内含报酬率法是根据方案本身内含报酬率来评价方案优劣的一种方法。所谓内含报酬率，是指能够使未来现金流入量现值等于未来现金流出量现值的折现率，或者说是使投资方案净现值为零的折现率。

净现值法和现值指数法虽然考虑了时间价值，可以说明投资方案高于或低于某一特定的投资报酬率，但没有揭示方案本身可以达到的具体的报酬率。内含报酬率是根据方案的现金流量计算的，是方案本身的投资报酬率。

内含报酬率的计算，通常需要运用逐步测试法。首先估计一个折现率，用它来计算方案的净现值；如果净现值为正数，说明方案本身的报酬率超过估计的折现率，应提高折现率后进一步测试；如果净现值为负数，说明方案本身的报酬率低于估计的折现率，应降低折现率后进一步测试。经过多次测试，寻找出使净现值接近于零的折现率，即为方案本身的内含报酬率。

内含报酬率是方案本身的收益能力，反映其内在的获利水平。内含报酬率和现值指数法有相似之处，都是根据相对比率来评价方案，而不像净现值法那样使用绝对数来评价方案。

内含报酬率法与现值指数法也有区别。在计算内含报酬率时不必事先选择折现率，根据内含报酬率就可以排定独立投资的优先次序，只是最后需要一个切合实际的资本成本或最低报酬率来判定方案是否可行。现值指数法需要一个适合的折现率，以便将现金流量折为现值，折现率的高低将会影响方案的优先次序。

内含报酬率法的优点是可以从动态的角度直接反映投资项目的实际收益率水平，又不受基准收益率高低的影响，比较客观；缺点是计算过程复杂，尤其当经营期大量追回投资时，又有可能导致多个内含报酬率的出现，或偏高，或偏低，缺乏实际意义。

（二）非折现的分析评价方法

非折现的方法不考虑资金时间价值，将不同时间的货币收支看成等效的。这些方法在选择方案时起辅助作用。

1. 回收期法

回收期是指投资引起的现金流入累积到与投资额相等所需要的时间。它代表收回投资所需要的年限。回收年限越短，方案越有利。只有回收期指标小于或等于基准投资回收期的投资项目才具有财务可行性。回收期法计算简便，并且容易让决策人正确理解。它的缺点在于不仅忽视时间价值，而且没有考虑回收期以后的收益。事实上，有战略意义的长期投资往往早期收益较低，而中后期收益较高。回收期法优先考虑急功近利的项目，可能导致放弃长期成功的方案。它是过去评价投资方案常用的方法，目前作为辅助方法使用，主要用来测定方案的流动性而非营利性。

2. 会计收益率法

会计收益率法计算简便，应用范围很广。它在计算时使用会计报表上的数据，以及普通会计的收益和成本观念。只有会计收益率指标大于或等于基准收益率的投资项目才具有财务可行性。

第三节　营运资金管理

一、营运资金概述

营运资金（Working Capital）的研究最初起源于西方，并且随着工业的不断发展而修正和完善。最初营运资金是指除固定资产以外企业为持续经营所持有的资金。一般认为营运资金有广义和狭义之分。广义的营运资本是指总营运资本，简单来说就是一个企业流动资产的总额；狭义的营运资本则是指净营运资本，是指流动资产减去流动负债后的余额。这里所说的营运资本是指狭义的营运资本。

（一）营运资金管理的主要内容

营运资金的管理既包括流动资产的管理，也包括流动负债的管理，具体而言，涉及每一种流动资产以及每一种流动负债的管理方式与管理策略的制定。因此，营运资金管理包括流动资产和流动负债的各个项目，企业应当根据营运资金的不同内容，制定适当的营运资金政策，确定合理的营运资金规模。

1. 流动资产

流动资产，是指可以在一年以内或超过一年的一个营业周期内变现或耗用的资产，主要包括现金、交易性金融资产、应收及预付款项和存货。①现金，是指可以立即用来购买物品、支付各项费用或用来偿还债务的交换媒介或支付手段，主要包括库存现金和银行存款和其他货币资金。②交易性金融资产，是指各种准备随时变现的有价证券以及不超过一年的其他投资，主要是指有价证券投资。③应收及预付款项，是指企业在生产经营过程中所形成的应收而未收的或预先支付的款项，包括应收账款、应收票据、其他应收款和预付账款。④存货，是指企业在生产经营过程中为销售或者耗用而储存的各种资产，包括商品、产成品、半成品、在产品、原材料、辅助材料、低值易耗品、包装物等。

与长期投资、固定资产、无形资产、递延资产等各种长期资产相比，流动资产具有占用时间短、周转快、易变现等特点，企业拥有较多的流动资产，可在一定程度上降低财务风险。流动资产具有以下几个突出特点：一是周转速度快。企业投资于流动资产上的资金周转一次所需要的时间较短，通常会在一年或一个营业周期内收回；固定资产等长期资产的价值则需要经过多次转移才能逐步收回或得以补偿。二是变现能力强。流动资产中的现金、银行存款项目本身就可以随时用于支付、偿债等经济业务，其他的短期金融资产、存货、应收账款等也能在较短时间内变现。三是财务风险小。公司拥有较多的流动资产，由于周转快、变现快，可在一定程度上降低财务风险。

但是，流动资产过多，会增加企业的财务负担，影响企业的利润；相反，流动资产不足，则表明企业资金周转不灵，会影响企业的经营。因此，合理配置流动资产需要量在财务管理中具有重要地位。企业在一定的生产周期内所需的比较合理的流动资产占用量，应是既能保证生产经营的正常需要，又无积压和浪费的占用量。

2. 流动负债

流动负债是指需要在一年或者超过一年的一个营业周期内偿还的债务。流动负债又称短期负债，具有成本低、偿还期短的特点，必须加强管理。

（1）流动负债的分类。

流动负债按不同标准可作不同分类，最常见的分类方式如下。

以应付金额是否确定为标准，可以分成应付金额确定的流动负债和应付金额不确定的流动负债。应付金额确定的流动负债是指那些根据合同或法律规定到期必须偿付，并有确定金额的流动负债，如短期借款、应付票据、应付短期融资券等；应付金额不确定的流动负债是指那些要根据企业生产经营状况，到一定时期或具备一定条件时才能确定的流动负债，或应付金额需要估计的流动负债，如应交税费、应付产品质量担保债务等。

按流动负债的形成情况，可以分为自然性流动负债和人为性流动负债。自然性流动负债是指产生于公司正常的持续经营活动中，不需要正式安排，由于结算程序或有关法律法规的规定等原因而自然形成的那部分流动负债。在公司生产经营过程中，由于法定结算程序的原因，一部分应付款项的支付时间晚于形成时间，这部分已经形成但尚未支付的款项便成为公司的流动负债，如商业信用、应付工资、应交税费等。人为性流动负债是指由财务人员根据企业对短期资金的需求情况，通过人为安排所形成的流动负债，如短期银行借款等。

以是否支付利息为标准，可以分为有息流动负债和无息流动负债。

（2）流动负债的特征。

流动负债通常具有如下特征。

第一，来源的多样性。企业筹集长期资金的方式一般较少，有吸收直接投资、发行股票、发行债券等方式。与筹集长期资金的方式相比，企业筹集流动资金的方式较为灵活多样，通常有银行短期借款、短期融资券、商业信用、应交税费、应付股利、应付职工薪酬等多种内外部融资方式。

第二，筹资成本较低。当筹资期限较短时，债权人所承担的利率风险相对较小，因此向筹资方索取的资金使用成本也相对较低，主要体现在短期借款利率远低于长期借款利率。

第三，筹资风险较高。由于在商品经济条件下利率的波动或多变，过多的流动负债形成偿还压力，影响到企业的财务信誉，进而有可能使企业负债过多而走向破产。另外，短期筹资通常需要在短期内偿还，因而要求筹资方在短期内拿出足够的资金偿还债务，这对筹资方的资金营运和配置提出了较高的要求，如果筹资企业在资金到期时不能及时归还款项，就有陷入财务危机的可能。

第四，数量的波动性。流动资产的数量会随企业内外条件的变化而变化，时高时低，波动很大。季节性企业是如此，非季节性企业也是如此。随着流动资产数量的变动，流动负债的数量也会相应发生变动。

第五，筹资弹性好。在筹集长期资金时，资金提供者出于资金安全方面的考虑通常会向筹资方提出较多的限制性条款或相关约束条件；短期资金的相关限制和约束相对较少，使得筹资方在资金的使用和配置上显得更加灵活、富有弹性。

（二）营运资金管理的基本原则

企业的营运资金在全部资金中占有相当大的比重，而且周转期短，形态易变，因此，营运资金管理是企业财务管理工作的一项重要内容。企业进行营运资金管理，应遵循以下原则。

第一，合理确定营运资金需求量。营运资金反映企业在生产经营过程中长期周转资金的平衡情况。如果营运资金需求为正，反映流动资产占用资金较多，需要短期借款来维持平衡；如果这种不平衡情况是长期的或是相当严重的，就应通过增加长期资金来增加营运资金，或者调整资金结构，改善资金管理来解决。如果营运资金需求为负，则反映流动资产过剩。企业营运资金的需求数量与企业生产经营活动有直接关系。一般情况下，当企业产销两旺时，流动资产会不断增加，流动负债也会相应增加；而当企业产销量不断减少时，流动资产和流动负债也会相应减少。营运资金的管理要求企业应认真分析生产经营状况，采用一定的预测方法合理确定营运资金的需要数量。

第二，提高资金使用效率。营运资金运营效率是指企业运用有限的资产在不断周转过程中获取更多的营业收入的能力。资金运营效率高，意味着资金周转速度快，在一定程度上等于资金的节约和资金的增加，因此，提高营运资金使用效率的关键就是采取有效措施，缩短营业周期，加速变现过程，加快营运资金周转。企业要千方百计地加速存货、应收账款等流动资产的周转，以便使有限的资金服务于更大的产业规模，为企业取得更优的经济效益提供条件。企业加强营运资金管理的主要任务就是提高营运资金的周转速度，谋求等量资金创造更多的收益。

第三，节约资金使用成本。在营运资金管理中，必须正确处理保证生产经营需要和节约资金使用成本两者之间的关系。要在保证生产经营需要的前提下，尽力降低资金使用成本。概括地说，就是加快现金、存货和应收账款的周转速度，尽量减少资金的过分占用，降低资金占用成本；就是利用商业信用，解决资金短期周转困难，同时在适当的时候向银行借款，利用财务杠杆，提高权益资本报酬率。

第四，保持合理的流动资产与流动负债结构。合理安排流动资产与流动负债的比例关系，保持流动资产结构与流动负债结构的适配性，将会有效保证企业有足够的短期偿债能力，这也是营运资金管理的重要原则之一。流动负债是企业在短期内需要偿还的债务，而流动资产则是在短期内可以转化为现金的资产。一般来说，如果一个企业的流动资产较多，流动负债较少，说明企业的短期偿债能力较强；反之，则说明短期偿债能力较弱。但如果企业的流动资产太多，流动负债太少，往往可能是流动资产积压闲置、应收账款未能及时收回或流动负债利用不足所致。因此，必须处理好流动资产、流动负债以及两者之间的关系，才能保障企业的短期偿债能力，又不至于造成资金闲置。根据惯例，流动资产是流动负债的一倍是比较合理的，但实践中上述比例可略高或略低，主要是根据企业自身特点而定。

（三）营运资金管理的有效策略

营运资金管理包括对流动资产管理和流动负债管理。一个企业对流动资产的需求数量，一般会随着产品销售的变化而变化。当销售处于旺季时，流动资产的需求一般会更旺盛，甚至可能是平时的几倍；当销售处于淡季时，流动资产需求一般会减弱，也可能只是平时的几分之一；即使当销售处于最低水平时，也存在对流动资产最基本的需求。流动资产最基本的需求具有一定的刚性和相对稳定性，这部分流动资产也称为永久性流动资产。永久性流动资产是指满足企业长期最低需求的流动资产，其占有量通常相对稳定。而随销售发生季节性变化而形成的流动资产则称为波动性流动资产。波动性流动资产或称临时性流动资产，是指那些由于季节性或临时性的原因而形成的流动资产，其占用量随当时的需求而波动。

与流动资产的分类相对应，流动负债也可以分为临时性负债和自发性负债。一般来说，临时性负债，又称为筹资性流动负债，是指为了满足临时性流动资金需要所发生的负债，如食品制造企业为赶制季节性食品，大量购入某种材料所形成的负债。临时性负债一般只能供企业短期使用。自发性负债，又称为经营性流动负债，一般是由商业信用形成的。在实际工作中，企业采购原材料或者外购商品时，很大部分不是立刻付款而是间隔一段时间付款（如收到货物后入库挑拣这段时间，或者利用供货方提供的信用条件），这样形成了一部分因商业信用而产生的流动负债。自发性负债可供企业长期使用。

营运资金管理的实质是评估营运资金管理中的风险与收益，制定流动资产的投资策略和融资策略。因此，在营运资金管理方面主要是两项内容：一是确定需要拥有多少流动资产，即营运资金的持有政策；二是如何为需要的流动资产融资，即营运资金的融资政策。

1. 营运资金的持有政策

由于销售水平、成本、生产时间、存货补给时从订货到交货的时间、顾客服务水平、收款和支付期限等方面存在不确定性，企业须保持一定的营运资金，但是营运资金持有量的高低，往往会受到筹资环境、企业所处的行业、企业规模及管理风格等因素的影响。

一般而言，在外部市场较为发达、筹资渠道较多时，企业通常会减少营运资产的持有量，以提高整体的盈利水平。

不同行业的经营范围不同，资产结构有较大的差异。若某一行业需保持较多的货币资金和存货，如房地产业与建筑业，则在其资产结构中，营运资金比重较高。

与小企业相比，大企业实力更强，信誉度更高，有较强的筹资能力，当企业出现资金需求时，可以迅速筹集资金，因而能承担较大风险，所以随着企业规模的扩大，营运资产的持有比重会有所下降。

企业必须选择与其管理风格相符合的营运资金管理策略。如果企业管理层趋于保守，就会选择较高的流动资产水平，保证更高的流动性（安全性），但盈利能力也更低；如果管理者偏向于为了更高的盈利能力而愿意承担风险，那么它将保持一个低水平的流动资产与销售收入比率。

营运资金持有量的高低，直接影响企业的收益和风险。一般来说，持有大量的流动资产可以降低企业的风险，因为当企业不能及时清偿债务时，流动资产可以迅速地转化为货币资金；但是流动资产的收益性一般低于固定资产，大量资金占用在流动资产上，则会降低企业的投资报酬率。财务人员须对风险和报酬进行认真权衡，选择最佳的营运资金持有水平。因此，营运资金持有量的确定，就是在风险和收益之间进行权衡。

企业持有较高的营运资金称为宽松的营运资金政策（或激进型营运资金政策），而持有较低的营运资金则称为紧缩的营运资金政策（或保守型营运资金政策）。前者的收益、风险均较低；后者的收益、风险均较高。而介于两者之间的，是适中的营运资金政策，此时投资者财富得以实现最大化。但是在实务中，我们很难量化地描述适中政策的营运资金持有量，这是因为这一营运资金水平是多种因素共同作用的结果，包括销售水平、存货和应收账款的周转速度等，所以，各企业应当根据自身的具体情况和环境条件，按照适中营运资金政策的原则来确定适当的营运资金持有量。

2. 流动资产的融资策略

融资决策主要取决于管理者的风险导向，此外它还受短期、中期、长期负债的利率差异的影响。根据资产的期限结构与资金来源的期限结构的匹配程度差异，流动资产的融资策略可以划分为：期限匹配融资策略、保守融资策略和激进融资策略三种基本类型。任何一种方法在特定的时间都可能是合适的，这取决于收益曲线的形状、利率的变化、未来利率的预测等，尤其是管理者的风险承受力。

二、现金管理

“营运资金是企业长久生存发展的关键助推力，基于企业健康稳定发展层面而言，现金流管理的必要作用甚至超过利润目标的管理，是企业管理人员、投资方以及潜在客户所重视的关键指标。”①

现金有广义、狭义之分。狭义的现金仅指库存现金。广义的现金是指在生产经营过程中以货币形态存在的资金，包括库存现金、银行存款和其他货币资金等。这里所讲的现金

① 高罗嘉. 企业营运资金管理问题分析［J］. 知识经济，2022，605（9）：69-71.

是指广义的现金。

现金是变现能力最强的资产，代表着企业直接的支付能力和应变能力，可以用来满足生产经营开支的各种需要，也是还本付息和履行纳税义务的保证。拥有足够的现金对于降低企业的风险，增强企业资产的流动性和债务的可清偿性有着重要的意义。但现金收益性最弱，即使是银行存款，其利率也非常低。现金存量过多，它所提供的流动性边际效益便会随之下降，从而使企业的收益水平下降。因此，企业必须建立一套管理现金的方法，持有合理的现金数额，使其在时间上继起，在空间上并存，实现现金的流动性和收益性之间的最佳平衡。

（一）持有现金的动机

1. 交易动机

在企业的日常业务活动中，现金流入和现金流出不完全同步，销售收入往往不能马上收到现金，而采购原材料、支付工资、缴纳税款等则需要现金支持，因此，为了保证正常的生产销售的运行必须保持一定的现金余额，就是交易动机要求的现金持有。一般来说，基于交易动机持有现金的余额与销售量呈正比例变动。企业的销售量扩大，销售额增加，所需现金余额也随之增加；反之，销售量减少，销售额减少，所需现金余额也随之减少。

2. 预防动机

预防动机是指企业持有的以应付突发事件的出现所需的现金量，如水灾、火灾等自然灾害的发生或者企业担保的某客户的违约导致的突发性偿付资金。预防性现金余额取决于以下因素：一是对现金收支预测的可靠程度。可靠程度越大，预防性现金余额越小；相反，可靠程度越小，预防性现金余额则越大。二是企业的临时融资能力。如果融资能力强，则可减少现金数额；若非如此，则应扩大预防性现金余额。三是企业愿承担的现金短缺风险程度，一般呈相反方向变动。在实务中，这种预防性需求有时也可以通过持有短期有价证券来满足。

3. 投机动机（投机性动机）

投机动机是指企业持有现金，以便及时抓住市场中突然出现的获利机会，以获取较高的收益，如原材料降价、证券价格的突然变化。这种机会大都是转瞬即逝的，企业若没有现金，就会错过这一机会。但投机动机在生产制造企业的持现动机中一般不是主要因素，公司极少为投机的目的而专门积存货币资金。

上述三项动机可称为企业持有现金的内在原因，除此之外，企业持有现金的原因还包括为了满足银行"补偿性余额"的要求等，即银行为企业提供服务时，往往需要企业在银行中保留存款余额以保证银行的资金安全。

上述持有现金的动机，在理论上是可以划分的，但在现实中却很难分别确定，由于各种条件的变化，每一种动机需要的现金数量是很难确定的，而且往往一笔现金余额可以服务于多个动机，如出于预防或投资动机持有的现金可能在需要时用于企业采购。所以，企业的现金持有量一般小于上述各种需求下的现金持有量之和。

（二）现金管理的内容

1. 编制现金预算

现金预算是基于现金管理的目标，运用一定的方法，依托企业未来的发展规划，在充分调查和分析各种现金收支影响因素的基础上，合理估测企业未来一定时期的现金收支状况，并对预期差异采取相应对策的活动。现金预算是企业预算体系的组成部分，是货币资金管理最重要的工具。

现金预算通常按年、季或月编制，主要依据是企业的其他预算资料。现金预算编制的主要方法有两种：收支预算法和调整净收益法。

收支预算法是将预算期内可能发生的一切现金收支项目分类列入现金预算表内，以确定收支差异，采取适当财务对策的方法。这是最常用的现金预算编制方法。

调整净收益法是将权责发生制基础下的净收益通过系列调整变为收付实现制基础下的净收益，从而编制现金预算的一种方法。

2. 确定适当的现金持有量

在现金预算中，为了确定预算期末现金资产的余缺状况，除了要合理估计预算期内的现金收入与支出项目，还应当确定期末应当保留的最佳现金余额，这就是现金持有量决策所要解决的主要问题，也是现金管理的首要任务。企业出于各种动机的要求而持有一定货币，但出于成本和收益关系的考虑，必须确定最佳现金持有量。

所谓最佳现金持有量，是指使现金持有总成本最低的现金余额。确定最佳现金持有量的目的在于既保证企业生产经营对现金的需要，又使持有现金所付的代价最低。

3. 加强现金日常管理

现金日常管理的目的在于在保证资金安全的条件下，加快现金周转速度，提高现金的使用效率。提高现金的使用效率的途径主要有：建立和健全现金收支的内部控制制度；尽量加速收款；严格控制现金支出，并要尽量实现现金流入与流出同步。

三、应收账款管理

应收账款管理是指在赊销业务中，从授信方（销售商）将货物或服务提供给受信方（购买商）债权成立开始，到款项实际收回或作为坏账处理结束，授信企业采用系统的方法和科学的手段，对应收账款回收全过程所进行的管理。

（一）应收账款的功能作用

应收账款的功能是指它在生产经营中的作用，主要有以下几个方面。

第一，增加销售。企业采取赊销方式一方面向顾客提供了商品，同时也是在一定期间内向顾客提供了商业信用，实际上相当于给了购货方一笔无息贷款，很显然会起到吸引客户、开拓市场的作用。所以，在销售中企业赊销具有明显的促销作用，特别是在企业销售新产品、开拓新市场时，赊销更具有重要的意义。

第二，减少存货。企业持有产成品存货会相应地占用资金，要追加管理费、仓储费和保险费等支出；相反，企业持有应收账款，则可避免这些成本的发生。另一方面，赊销可以促使企业扩大销售规模，加快产品实现销售的速度，降低产成品存货数额，加速资金周转。因此，当企业存货较多时，一般都可采用较为优惠的信用条件进行赊销，把存货转化为应收账款以节约开支，从而提高企业收益。

第三，贷款融资。应收账款可以用于企业的流动资金贷款的基本条件，根据其大小及应收下游企业性质可以向银行申请流动资金贷款，用于企业的扩大经营与生产。

（二）应收账款的成本分析

应收账款的成本即企业在采用赊销方式促进销售的同时，因持有应收账款而付出的代价。应收账款的成本包括以下几个方面。

一是机会成本。机会成本是指企业因资金占用在应收账款上而丧失的其他收入，如投资于有价证券便会获得利息收入、股利等。应收账款机会成本的大小通常与企业维持赊销业务而需要的资金数量、资金成本率或有价证券利息率有关。此外，应收账款的周转速度对应收账款的机会成本有着较大的影响。而应收账款的周转期越短，应收账款占用资金就越少，在资本成本不变的条件下，应收账款的机会成本也越低。所以，提高应收账款的周转速度是减少应收账款机会成本的有效方法。

二是管理成本。管理成本是指企业从应收账款发生到收回期间，为维持应收账款管理系统正常运行所发生的费用，如调查客户信用情况的费用、收集信息的费用、收账费用等。

三是坏账成本。坏账成本是指应收账款无法收回而给企业带来的损失，即由于客户破产、解散、财务状况恶化、拖欠时间较长等原因，企业所持有的应收账款无法收回而造成的损失。

可以说，只要企业持有应收账款，坏账的发生是不可避免的。坏账成本一般同应收账款数额及账龄成正比，即应收账款越多，坏账成本也越多，应收账款账龄越长，收不回来的可能性越大。因此，在实务中，为规避坏账给企业生产经营活动的稳定性带来的不利影响，企业应按应收账款余额及账龄的一定标准提取坏账准备。

（三）发生应收账款的原因

企业发生应收账款的原因，主要有以下两种。

1. 商业竞争

这是发生应收账款的主要原因。在市场经济的条件下，企业之间存在着激烈的商业竞争。竞争机制的作用迫使企业以各种手段扩大销售。除了依靠产品质量、价格、售后服务、广告等方法外，赊销也是扩大销售的手段之一。出于扩大销售的竞争需要，企业不得不以赊销或其他优惠方式招揽顾客，于是就产生了应收账款。由竞争引起的应收账款是一种商业信用。

2. 结算时间差

由于结算的原因，商品成交的时间和收到货款的时间经常不一致，这也导致了应收账款的存在。由于结算时间差造成的应收账款不属于商业信用，也不是应收账款管理的主要对象。

既然企业发生应收账款的主要原因是为扩大销售，增强竞争力，那么其管理目标就是求得利润。应收账款管理的基本目标是：通过应收账款管理发挥应收账款强化竞争、扩大销售的功能，同时，尽可能降低应收账款投资的机会成本、坏账损失与管理成本，最大限度地提高应收账款投资的效益。

（四）应收账款的日常管理

在制定了一定时期的信用政策之后，必须加强应收账款的日常管理，采取有力的措施进行分析、控制，以便及时发现问题，提前采取对策，保证既定信用政策预期效益的实现。

企业对应收账款的日常管理，主要应解决以下问题：①收集客户的有关信用资料，对客户进行信用调查与信用评估；②根据有关资料，对客户的信用状况进行评估；③在信用评估之后，保持对应收账款从总体到具体客户的监控根据企业的总体赊销规模，并结合该客户的具体情况，确定给予该客户的信用限额或信用额度，用于指导与该客户之间的信用往来；④对于逾期欠款，通过一系列的收账实务，全力催款。

应收账款的日常管理通常包括以下几个方面。

1. 客户信用管理

（1）调查客户信用。信用调查是指收集和整理反映客户信用状况有关资料的工作。只有正确地评价顾客的信用状况，才能合理地执行企业的信用政策。要合理地评价顾客的信用，必须对顾客信用进行调查，收集有关的信息资料。企业对顾客进行信用调查主要通过两种方法：①直接调查。直接调查是指调查人员通过与被调查单位进行直接接触，通过当面采访、询问、观看等方式获取信用资料的一种方法。直接调查可以保证收集资料的准确性和及时性，但也有一定的局限，往往获得的是感性资料，同时若不能得到被调查单位的合作，则会使调查工作难以开展。②间接调查。间接调查是以被调查单位以及其他单位保存的有关原始记录和核算资料为基础，通过加工整理获得被调查单位信用资料的一种方法。

（2）评估客户信用。搜集好信用资料后，要对这些资料进行分析，并对顾客信用状况进行评估。信用评估的方法很多，常见的方法有 5C 评估法和信用评分法。我国目前的企业信用评估处于起步阶段，还没有形成符合中国国情的、完善的评估指标体系，应该在研究和借鉴国外的评估指标体系的基础上，结合我国实际情况，建立适合我国企业的信用评估指标体系。

（3）划分客户信用等级。对客户信用评估之后，则可以对客户信用进行等级划分。在信用等级方面，目前主要有两种：一种是三类九等，即将企业的信用状况分为 AAA、AA、A、BBB、BB、B、CCC、CC、C，其中 AAA 为信用最优等级，C 为信用最低等级。另一种是三级制，即分为 AAA、AA、A 三个信用等级。

（4）确定客户信用额度。信用额度又称信用限额，包括总体上的信用额度和针对具体客户的信用额度两种。总体信用额度是指企业针对自身情况及外部环境而制定的赊销总规模，用于指导和控制日常的赊销决策。具体信用额度，是指企业规定的客户在一定时期可以赊购商品的最大限额。信用额度的规定虽不能提高客户付款的概率，但可以限制因客户不付款而引起的坏账损失。因此，企业至少应该对交易频繁且交易重大的主要客户确定其可享受的信用额度，以控制其赊购规模，避免因客户过度赊购而导致坏账损失。另外，确定信用额度后，企业就有了处理与客户信用往来的依据。在额度范围内的赊购，可由具体经办人员按规定正常办理；超出规定的信用额度时，则应由有关负责人批准后方能办理。信用额度还可以根据市场环境、客户信用等级等情况的变化进行适当的调整和修改。

具体信用额度的制定方法主要有：①以全年从该客户处可能获得的收益额作为该客户每次赊购的额度。②根据客户营运资本净额的一定比例确定。③根据客户清算价值的一定比例确定。④根据经验估计，将总体信用额度在各客户之间进行具体分配。

2. 应收账款的监控

在应收账款的监控过程中，可供采用的主要方法有：

（1）应收账款的追踪分析。应收账款一旦发生，企业就必须考虑能否如期、足额地回收。为了达到这个目的，企业有必要对应收账款的运行过程进行追踪分析，重点分析客户的信用品质、现金持有量以及现金的可调剂程度等基本内容，尤其要对那些金额较大或信用品质较差的客户进行分析。

通过追踪调查，不但要使公司及时有效地控制不同顾客的收款情况，更要了解其延迟付款的原因：到底是顾客的信用有问题，还是其确实现金状况不佳；到底是客户的收账能力较差，还是顾客的销售不佳引起库存积压；这种情况到底是短期现象，还是长期状况等。如果发现客户信誉不佳或现金不足等，应立即采取相应的措施，以保证货款及时回收。应收账款的追踪调查分析，不但能为公司当前调整合理的收账方式提供依据，更能为公司未来制定合理有效的信用政策打下基础。

（2）应收账款的账龄分析。账龄分析就是将赊销用户的应收账款的实际归还期编制成表，以显示应收账款存账时间（账龄）的长短，并按时间长短进行排序。公司已经发生的应收账款时间长短不一，有的尚未超过信用期，有的则已经逾期拖欠。一般来讲，逾期拖欠时间越长，催收的难度越大，成为坏账的可能性就越高。因此进行账龄分析，是提高应收账款收现效率的重要环节。

通过账龄分析可以发现：①企业有多少应收账款尚在信用期内。②企业有多少应收账款超过了信用期。③不同账龄的过期账款各占多少比例。④有多少应收账款可能会因拖欠时间太长而发生坏账损失。

通过应收账款账龄分析，可以对应收账款进行及时有效的控制，进而为适时地调整和修改公司信用政策提供帮助。

3. 应收账款收现保证率分析

由于企业当期现金支付需要量与当期应收账款收现额之间存在着非对称性矛盾，并呈现出预付性和滞后性的差异特征，这就决定了企业必须对应收账款的收现水平制定一个必要的控制标准，即应收账款收现保证率。

应收账款收现保证率是为了适应企业现金收支匹配关系的需要，确定的有效收现的账款应占全部应收账款的百分比，是两者应当保持的最低比例。

应收账款收现保证率指标反映了企业既定会计期间预期现金支付数额扣除各种稳定、可靠来源后的差额，必须通过应收账款有效收现予以弥补的最低保证限度，其意义在于：应收账款未来是否可能发生坏账损失对企业并非最为重要，而最关键的是实际收现的账款能否满足同期所必需的现金支付要求，特别是满足具有刚性约束的纳税债务及不得展期或调换的到期债务的需要。

4. 应收账款保理

保理又称保付代理，根据《国际保付代理公约》对保理的定义，保理是指卖方或者供应商或出口商与保理代理商之间的一种契约。根据该契约，卖方（供应商、出口商）将其现在的或将来的基于其与买方（债务人）订立的货物销售、服务合同所产生的应收账款转让给保理商，由保理商为其提供下列服务中的至少两项：贸易融资、销售分账户管理；应收账款催收、信用风险控制与坏账担保。在出口人与保理商签订保理协议后，保理商会对进口人核定一个信用额度，在协议执行过程中，保理商会随时根据进口人资信状况的变化调整信用制度；保理商对出口人在核准额度内的应收账款，提供100%的坏账担保。

四、存货管理

存货是指企业在生产经营过程中为耗用或销售而储备的原材料、燃料、低值易耗品、在产品、产成品、商品等。存货在企业的流动资产中占很大比重，一般可达40%～60%。同时，存货又是流动资产中变现能力较差的那部分资产。

（一）存货管理的目标表现

存货的管理状况直接影响着企业的生产经营能否顺利进行，以及企业的收益、风险等。加强存货管理，使其保持在最优水平，是财务管理的一项重要任务，其目标就是在各种成本和利益之间做出权衡，进而达到两者的最佳结合。具体表现在以下几点。

第一，保证生产和销售的正常进行。企业在生产经营过程中需要不断消耗原材料、产成品等存货。尽管有些企业提出“零存货”的管理目标，并运用计算机自动化控制加强管理，但是企业的供、产、销在数量上和时间上往往难以保持绝对的平衡，而且企业也很难做到随时补充生产或销售所需要的各种物资。实现存货为零的目标基本不可能。为了保证生产经营活动的正常进行，企业必须保留适当的存货，建立与生产经营过程和规模相适应的存货体系，甚至还须留有一定的存货储备。

第二，抓住市场机会，促进销售。一定数量的存货储备能够增加企业在生产和销售方面的机动性和适应市场变化的能力。当企业市场需求量增加时，充足的产品储备就会有高额的销售收入；反之，则有可能失去销售良机。

第三，获取规模经济效益。一般来说，单件产品的价格要比成批的价格高得多。如批量采购原材料，可以获得价格上的优惠，也可以减少管理及采购费用；批量组织生产，可以使生产均衡，降低生产成本；批量组织销售，可以及时满足客户对产品的需求，还有可能享受价格折扣，降低购置成本，有利于销售的迅速提高；为了降低运输成本，运输时也会按照确定的最优批量而组织成批发运。所以保持一定量的存货可以获得规模经济效益。

第四，建立保险储备，降低意外事件的影响。企业在采购、运输、生产和销售的每一个环节中，都可能发生意外事故，而保持必要的存货保险储备，可避免或减少损失。为了降低经营成本，实现均衡生产，就要储备一定的存货。

（二）存货决策

存货决策涉及决定进货项目、选择供应单位、决定进货时间和决定进货批量四项内容。其中，决定进货项目和选择供应单位是销售部门、采购部门和生产部门的职责。财务部门要做的是决定进货时间和进货批量。按照存货管理的目的，需要通过合理的经济进货批量和进货时间，使存货的相关总成本最低。这个批量就是经济订货量或经济批量，主要采取经济订货模型加以计算。

存货规划所要解决的主要问题是，企业怎样采购存货？这包括两个方面的内容：一是应当订购多少存货；二是应当在何时开始订货。进行有效的存货规划对于维持正常生产经营、合理控制资金占用水平、降低营运成本具有重要意义。

从前述存货成本的构成可以发现，存货的进货成本、储存成本和缺货成本有些是固定性的，有些是变动性的，其中固定性成本不受单批采购数量多少影响，只有变动性成本才是与经济订货量决策有关的成本。变动性成本主要包括：变动性订货成本、变动性储存成本以及允许缺货时的缺货成本。变动性储存成本和订货成本与订货量之间具有相反的关系。订购批量越大，企业储存的存货就越多，这会使存货储存成本上升；与此同时，由于订货次数减少，总订货成本将会降低。反之，降低订购批量能够降低储存成本，但由于订货次数增加，订货成本将会上升。

（三）存货的日常管理

存货日常管理的目标是在保证企业生产经营正常进行的前提下尽量缩短存货储存时间，加速存货周转，节约资金占用。其主要管理方法有：ABC 分类管理法、存货储存期控制等。

1. ABC 分类管理法

由于大多数企业的存货种类、品种繁多，其价值也相去甚远，若对每一种存货进行“均等”管理，其结果必然是事倍功半。因此，企业应在管理中对每一种存货进行周密规划与严格控制，抓住重点，实行有区别的分类管理。ABC（Activity Based Classification）分类管理法正是针对这一问题而提出来的重点管理方法。

存货 ABC 分类管理是意大利经济学家维尔弗雷多·帕雷托于 19 世纪首创的。1951 年，管理学家迪基（H.F.Dickie）将其应用于库存管理，命名为 ABC 法。经过不断发展和完善，ABC 法已经广泛用于存货管理、成本管理和质量管理。

ABC 分类管理法，也叫主次因素分析法，就是根据存货在技术或经济方面的主要特征，进行分类排队，分清重点和一般，将其划分为 A、B、C 三类，从而有区别地确定管理方式的一种分析方法。

运用 ABC 分类管理法一般有如下几个步骤：①计算每一种存货在一定时间内（一般为一年）的资金占用额；②按照存货的资金占用额由大到小排序并列成表格；③计算每一种存货资金占用额占全部资金占用额的百分比；④计算累计比率；⑤根据事先测定好的标准，把存货划为 A 类、B 类与 C 类。

进行存货分类的标准主要有两个：金额标准和品种数量标准。其中金额标准是基本的，品种数量标准仅供参考。一般来说，应将少数价值大、经常使用、订货时提前时间长的存货划为 A 类存货，这类存货的品种数大约占全部存货品种的 10%，其存货资金约占全部资金占用额的 75%左右；将品种数量多、价值小的存货划为 C 类存货，这类存货的品种约占全部存货品种的 65%左右，其存货资金约占全部资金占用额的 5%左右；将处于 A 类与 C 类存货之间的划为 B 类存货，其品种与资金占用额大约均为 20%。

对于 A 类存货，应保持严密控制，经常检查库存，详细、科学、准确地确定该类存货的经济批量及有关定额，严格按照事先所确定的订货数量与时间进行订货，并根据 A 类存货的实际情况，调整其进货的经济订货量；对于 C 类存货，可对其总额进行控制，采用简化的控制方式进行管理，如集中采购、适当加大安全存量等，以节约订货费用，同时避免缺货损失；对于 B 类存货，可采取按总额灵活掌握的存货管理方法，根据其在生产中的重要程度和采购的难易程度分别采用 A 类、C 类或介于 A 类和 C 类之间的存货控制方法。

2. 存货储存期控制

储存存货会占用资金和增加仓储管理费，尤其是市场瞬息万变，储存期过长有可能导致企业的产品或商品滞销而带来巨大损失。尽力缩短存货储存期，尤其是缩短待售产品或商品的储存期，加速存货周转，是提高企业经济效益，降低企业经营风险的重要手段。

企业持有存货而发生的费用，按照其与储存时间的关系可以分为固定储存费用与变动储存费用两类。前者与存货储存期的长短无直接关系，后者与存货储存期的长短有密切关系，如存货资金占用费、存货储存管理费等，它们与利润存在以下关系：

利润＝毛利－销售税金及附加－固定储存费用－变动储存费用

＝毛利－销售税金及附加－固定储存费用－每日变动储存费用×储蓄期

利润与费用之间此增彼减的关系，实际是利润与储存期变动费用之间此增彼减的关系。随着储存期变动费用的增加，当产品销售毛利扣除固定储存费用和销售税金及附加之后的余额被储存期变动费用抵消到恰好等于企业目标利润时，表明存货已到了保利期；当毛利完全被储存期变动费用抵消时，便意味着存货已到保本期。如果存货能够在保利期内售出，所获得的利润便会超出目标值，反之将难以实现既定的利润目标。

第四节　财务控制与分析

一、财务控制

（一）财务控制的含义

控制是指监视各项活动以保证它们按计划进行并纠正各种偏差的过程。财务控制即财务控制主体以法律、法规、制度和财务预算目标等为依据，通过对企业财务活动进行组织、指导、监控和约束，促使企业目标实现的管理活动。财务控制是财务管理的重要环节。

从属性上看，财务控制是一种经济控制，是企业内部控制的核心。财务控制以资本为依托，由管理者协调并指导各部门、各单位的财务活动去实现企业总体目标。从实质上看，财务控制是以企业资本运动为主体内容的、具有特定对象的控制活动。它是为了实现一定的目标，通过控制者对被控制者的作用，使被控制者的行为尽可能按照控制者的意图进行的一系列动态的活动。对于一个企业，财务控制具有主动性、对象性、目的性、动态性、系统性等特征。

（二）财务控制的目标

财务控制目标是企业通过财务控制所要实现的根本目的。财务控制目标是企业财务控制的出发点和归宿点，它决定着企业财务控制的发展方向。企业财务控制目标既有总体目标，也有具体目标。

企业财务控制的总体目标就是实现企业价值最大化。企业价值最大化其实是指在企业长期发展的基础上，企业价值体现得尽可能大，企业获取利润尽可能多。

财务控制的具体目标是在保证企业经营活动合规性的前提下，实现企业经营活动和财务活动的有效性。有效性主要是指通过财务控制，努力实现以最低的耗费和最少的投入来获得尽可能高的报酬和尽可能多的收益。只有保证企业经营活动和财务活动的有效性，才能实现企业价值最大化。因此，有效性是财务控制最直接的具体目标。这里的有效性要求企业必须满足以下几个方面的要求：第一，实现人力资源配置最优化。通过激励机制和约束机制，充分发挥人力资源在创造企业价值中的作用。第二，实现财务资源配置最优化。优化资本结构，以降低筹资风险，减少筹资成本；控制资本，降低投资风险，提高投资报酬率；控制成本，降低耗费和支出；控制收益与分配，促进不同利益主体间的利益合理分配。① 第三，开展经营业绩评价。通过对公司经营业绩进行客观评价，以进一步激励企业工作人员的积极性，为实现企业价值最大化而努力。

（三）财务控制体系

1. 人力资源控制体系

企业的人力资源既包括董事、经理人员在内的高级管理人员，也包括一般员工，同时还包括财务控制的具体实施者——财务人员。他们在企业经营管理中扮演着不同的角色，

---

① 黄娟. 企业内部财务控制研究［M］. 成都：西南财经大学出版社，2009：49.

发挥着不同的作用，在不同程度上影响企业财务控制活动。因而，对人力资源的财务控制是财务控制体系的首要一环。

为了减少由于信息不完全产生的机会主义和道德风险，企业在实行人力资源控制时，常运用两个有效的机制，即激励机制和约束机制。

（1）激励机制。

激励机制是一种控制制度，是为了有效解决企业中出现的道德风险，调动企业工作人员积极性，激励企业工作人员努力工作的制度安排。激励机制是使公司全员的个人利益目标与公司整体利益目标保持一致，通过员工持股、股票期权等激励制度将员工的利益和公司整体利益结合在一起。

激励是一种控制手段，它是利用某种外部诱因调动员工的积极性和创造性，让员工努力向公司所期望的目标前进。同时，激励所体现的控制是一种事前控制、自我控制，通过事前的承诺和制度安排来影响企业工作人员的行为，使企业工作人员能自行调整自己的行为以符合企业的经营目标。

企业的这种激励机制通过设立一系列机制来保证企业工作人员在事前就把所期望的结果与预测的结果进行比较，在事前就采取措施使得实施结果与期望结果相吻合。

企业的激励机制在具体实施时，主要体现为物质方面的激励和精神方面的激励。只是针对不同的人群，激励机制的具体形式稍有区别。对于一般工作人员来说，物质方面的激励方式就是建立员工持股计划。员工持股计划是 20 世纪 70 年代后期在美国和英国比较流行的一种管理制度，其核心内容是让公司员工有权分享自己的劳动成果，并有权参与公司内部管理。此外，物质方面的激励方式还有奖优罚劣、提高福利待遇等。精神方面的激励方式主要有表扬、关爱、信任等。只有员工充分地享有相应的权利，那么员工在工作中才能充分发挥自己的积极性和创造性。

对于企业管理层来说，物质方面的激励方式主要是年薪制、奖金、绩效股、股票期权等。其中，比较有效的方式是实施股票期权计划。股票期权计划是指产权所有者允许高管人员在约定的期限内享有以某一预先确定的价格购买一定数量本公司股票的一种制度安排。实施股票期权计划的目的就是希望企业管理层能为企业创造更多的价值。管理层为公司创造价值越多，其获得的股票期权数量就越多；企业经营效益越好，公司股票市价越高，管理层所获的财富就越多。

（2）约束机制。

约束机制是为了有效解决企业中的道德风险，促使代理人行为目标与委托人行为目标保持一致所做出的制度安排。

约束机制是一种事中控制机制，包括企业外部约束机制和内部约束机制。外部约束机制主要是一种法律约束和市场约束；而内部约束机制则是一种组织结构约束和制度约束，是建立在组织结构约束基础上的财务制度约束。有效的约束机制要求企业财务活动的每一环节都必须遵循制度规定的权责和程序，以保证企业财务活动是规范化的、程序化的和制度化的。

2. 财务资源控制体系

财务资源控制体系主要由财务资本控制体系和财务关系控制体系构成。其中，财务资本的动态控制是其最主要的内容。财务资本控制体系主要由筹资控制、投资控制、成本控制和收益分配控制组成。

（1）筹资控制。筹资是企业资本运动的开始，也是企业开展生产经营的前提条件。按照形成资本权益性质的不同，企业的全部筹资来源可分为股权筹资和债务筹资两类。股权筹资形成企业的自有资本或权益资本，它是企业依法筹集、长期拥有且可自主调配的资本来源，具有筹资成本高、风险低的特点。债务筹资形成公司的负债或债务资本，它是公司依法筹集、依约使用且需要按期偿还的资本来源，具有筹资成本低、风险高的特点。筹资控制重点就是解决股权筹资和债务筹资的比例问题，即资本结构问题。因而，资本结构控制是筹资控制的关键点。

（2）投资控制。投资是企业资本运动的中心环节。企业进行投资就是为了获取尽可能多的投资报酬，增加企业价值，促使企业持续发展。根据投资期限，企业投资分为短期投资和长期投资。对短期投资进行控制重点在于保持资产流动性，尽可能获取更多收益。对长期投资进行控制重点是针对投资风险进行控制。一般来说，企业投资控制包括现金控制、信用控制和投资风险控制。①

（3）成本控制。成本就是指企业在资本运行过程中所产生的消耗费用。在企业收入保持稳定的前提下，成本的多少直接影响着企业盈利与否。因而，成本控制的关键就在于进行目标成本控制和成本全过程控制。

（4）收益分配控制。收益及其分配是企业资本运动前一过程的终点，后一过程的起点。收益及其分配包括资本回收和资本收益分配两个环节。因而，收益分配控制关键是资本回收中的收益控制和分配中的股利政策控制。

---

① 竺素娥．公司治理与财务控制［M］．北京：经济科学出版社，2001：51．

3. 经营业绩评价体系

业绩评价是对企业过去经营情况的概括和总结，它既是企业实施奖惩的主要依据，也是为了给事前开展财务控制提供有用的信息。业绩评价是企业进行事前控制和事后控制的基础。业绩评价的过程，本身就是财务控制的过程。因此，我们将业绩评价体系作为财务控制体系的重要组成内容。

（四）财务控制与公司治理

公司治理是现代公司制企业在决策、激励、监督等方面的制度规则，涉及利益相关者之间在权利与责任方面的分配、制衡及效率与科学决策。财务控制与公司治理密切相连，不可分割。将财务控制纳入公司治理框架中，在公司治理建设过程中，设计财务组织结构，制定财务运行机制，确定资金监控机制，建立财务信息网络。①

公司治理有效，有利于公司资金安全和资产完整。健全公司治理结构，有助于保证公司财务控制顺利、有效运行。实施财务控制，保证利益主体相互协调、相互制衡，维护利益主体正当权益，促进公司价值最大化。

在公司治理结构中，财务控制主要体现在股东的财务控制权、董事会的财务控制权和管理层的财务控制权。

1. 股东的财务控制权

在现代企业，股东不直接干预公司管理事务，他们通过股东大会来管理公司。股东大会是公司的最高权力机构，由股东或股东代表参加。股东大会负责决策公司重大事项，如决定公司经营方针和投资计划、选举和更换董事、审议批准董事会报告、审议批准企业年度财务预算方案、审议批准企业利润分配方案和弥补亏损方案、修改公司章程等事项。

股东大会的权利充分体现了股东对公司具有控制权。股东必须掌握真实的、可信的信息才能充分行使控制权。股东如果不了解公司的经营情况和财务状况，那么就根本无法有效行使权利。

2. 董事会的财务控制权

董事会在公司治理结构中居于核心地位。董事会接受股东大会的委托行使对公司的控制权和决策权。董事会的职责主要包括：负责召集股东会，并向股东会报告工作；执行股东大会的决议；决定公司的经营计划和投资方案；制定公司的年度财务预算方案、决算方

① 宋灵霞. 上市公司内部控制的现状分析 [J]. 中国乡镇企业会计. 2010 (2): 135-136.

案；制定公司的利润分配方案和弥补亏损方案；制定公司增加或者减少注册资本的方案；拟定公司合并、分立、变更公司形式、解散的方案；决定公司内部管理机构的设置；聘任或者解聘公司经理（总经理），根据经理的提名，聘任或者解聘公司副经理、财务负责人，决定其报酬事项；制定公司的基本管理制度。

由此可以看出，董事会拥有对公司经营和发展重大问题的决定权。董事会的决策权不仅包括年度的经营和投资，还包括公司高级管理人员的聘用及其待遇问题。任何正确的决策都必须建立在充分、可靠的信息基础之上。其中，会计信息也是企业必不可少的一个信息。

会计信息是董事会决策的基本依据，真实、可靠的会计信息是董事会作出科学、合理决策的基本条件。如果会计信息不真实，董事会就缺乏决策的正确依据，难以做出正确决策。因此可以说，会计信息是董事会行使控制权所依赖的一种控制工具。董事会受股东委托，维护股东权益，实现股东价值最大化，并保持公司持续的盈利能力。如果董事会决策失误，必然让股东遭受损失。因此，董事为使决策科学合理，必须通过一系列控制机制制约公司管理层的行为。

3. 公司管理层的财务控制权

公司管理层，也就是公司经理，其是公司的执行机构，执行董事会决议，负责公司日常管理。公司管理层必须实施有效的内部控制和管理，以保证公司目标的顺利实现。

会计系统是公司内部控制体系的重要组成部分，为公司管理层提供决策所需要的会计信息。在现实中，董事会所确定的经营目标等经营方面的决策，多由经理提出初步方案和计划，而董事会在此基础上进行修订审批。经理在拟定这些方案时，必须掌握足够的会计信息和其他相关信息。因此，公司经理的日常决策和管理更离不开会计信息，公司经理会采取职能化的授权实施体制，即日常的会计活动主要由职能化的会计机构来负责实施。

总体来说，好的财务控制系统能将权、责、利三者有机结合，促使公司治理结构充分发挥其效率，促进公司良好运行。公司治理与财务控制良好运行，在于企业能否科学地确立财务控制系统，保持不同组织财务控制目标一致，有效协调投资中心、利润中心、成本中心三者之间的权责关系。母公司或公司总部作为投资中心，承担投资责任，聘用高素质管理人员，研究和制定财务战略、投资政策、财务管理制度，审批、控制下属子公司或事业部的财务预算，评价经营绩效等，同时，根据财务控制模式确立子公司或事业部地位。在集权式会计控制模式下，子公司或事业部是利润中心，承担经营目标和利润目标责任，负责授权范围内的成本管理和资金管理。在集权与分权相结合的会计控制模式下，财务控制权适度分配。在分权式财务控制模式下，子公司或事业部可以是投资中心，但在决策时仍需考虑母公司提供的信息和制定的绩效、投资标准。①

二、财务分析

（一）企业财务分析概述

1. 企业财务分析的概念

“财”，即财产、资金；“务”，即事务。那么，“财务”就是关于财产或资金的事务。“分析”是指把研究对象进行分解并找出本质属性特征和彼此之间的关系，分析认识事物本质的过程。由此可知，财务分析就是对关于财产或资金的事务进行分析，找出相应的财产或资金事务的本质属性特征。

企业财务分析是为了满足需求，分析者根据预先设定的分析目的，收集被分析企业的所有财务会计资料及其他有关资料，按照一定的原则和判断标准，并运用一定的程序和方法，对所关注的被分析企业的有关财务问题及相关财务行为能力的现实状况、发展过程和未来趋势作出分析的过程。

从概念中，我们可以看出企业财务分析的客体主要是指从事经济活动的企业。我们掌握了企业财务分析理论及方法，就能轻松地对其他从事经济活动的单位或个人做出财务分析。

2. 企业财务分析的作用

无论是对于企业内部生产经营管理，还是对于企业外部投资决策、贷款决策、赊销决策等，企业财务分析都发挥着重要的作用，它既对企业过去的财务活动做出了总结，又对企业未来发展进行了预测。可以说，企业财务分析对于企业的发展具有重大的意义。具体来说，企业财务分析对于企业的作用主要体现在以下几个方面。

（1）企业财务分析可以评价企业财务状况、衡量企业经营成果。企业财务分析运用资产负债分析和企业利润分析，可以让企业财务分析主体充分地了解企业的资产结构和负债水平，判断企业的偿债能力、营运能力及盈利能力等，从而清晰地分析出企业在财务方面存在的问题，最终为企业未来发展做出合理的财务预测和生产经营决策。

（2）企业财务分析有助于企业发现问题、改进方法，实现财务目标。一个企业，最大

① 胡逢才. 企业集团财务控制［M］. 广州：暨南大学出版社，2004：38.

的财务目标就是获取最大化的企业价值，即追求利润最大化。对企业进行财务分析，可以了解企业的盈利能力和资金周转状况，有助于企业及时发现其在财务方面存在问题，进而分析出其生产经营方面可能存在的问题，从而不断探索分析，寻求改善生产经营状况和财务状况的途径和方法，以不断改进或完善企业生产经营状态，进一步提高工作效率，优化企业资源有效配置，最终实现企业财务目标。

（3）企业财务分析有助于企业经营者或投资者做出合理决策。通过企业财务分析，企业经营者或投资者可以获取真实的、完整的、全面的企业财务信息资料，从而能深入了解企业的经营状况，充分把握企业的营运能力、偿债能力等，做出合理的企业发展预测，促使自己做出适合企业经营需求的决策。

（二）企业财务能力分析

1. 企业偿债能力分析

简单来说，偿债能力就是指企业清偿各种债务的能力。企业债务是企业承担的能够用货币来计量的债务，也就是说企业的资金中都含有一定的负债在内。企业债务即负债，通常以企业的资产或企业提供的劳务的方式来偿还。如果企业能够在未来的一段时间内运用自己的资产或劳务成功偿还相应的债务，表明企业资产能承受一定的负债，能够有力地保障负债，也就反映了企业具有一定的偿债能力。反过来说，企业偿债能力越强，表明企业承担债务能力强，生产经营状况好。因此说，企业偿债能力的强弱与企业正常生存和健康发展息息相关，是保障企业经营效益能否持续增长的可靠性能力指征。为此，为了促进企业健康、顺利、有序发展，我们有必要提前进行企业偿债能力分析。

偿债能力分析主要是指分析和评价企业偿还到期债务的能力。企业偿还债务能力强，说明企业财务状况良好；反之，则说明企业财务状况较差。可以说，企业偿还债务能力的强弱在一定程度上反映了企业的财务状况。重视并提高企业偿债能力，不仅有助于维护债权人的正当权益，让企业保持良好市场形象，而且还能保障企业避免风险损失，实现企业利润最大化的目标。

根据偿还时间来分，偿债能力分析也就分为短期偿债能力分析和长期偿债能力分析。

（1）短期偿债能力分析。

短期偿债能力是指企业对短期债务的偿付能力。一般来说，这个短期是指偿还期限为一年或超过一年的一个营业周期内的时间。短期偿债能力相对应的债务偿付一般是企业的流动性支出。这个流动性支出具有一定的波动性，因此说，短期偿债能力也就具有波动性的特点。

（2）长期偿债能力分析。

长期偿债能力是指企业对未来的到期债务有效偿付的能力。这里的长期一般指超过一年的时间。长期偿债能力对应的债务偿付一般为企业的资本性支出。只要企业的资金结构与盈利能力不发生显著变化，企业的长期偿债能力就会呈现相对稳定的特点。[①]

短期偿债能力与长期偿债能力，共同构成企业偿债能力，二者之间既相互联系又相互区别。首先，二者在偿还债务的期限上、偿还债务的支付方式及偿还债务动用的资产等方面具有明显的不同。其次，二者又具有一定的联系。无论是短期偿债能力还是长期偿债能力，都必须保证债务被及时偿付。同时，随着时间变化，长期债务会变成短期债务，短期债务也会变成长期债务。

2. 企业盈利能力分析

盈利能力是指企业在一定时期内获取利润的能力，也称为企业资本（资金）增值能力，其一般表现为企业收益的实际数目或者收益水平。企业盈利能力的高低可以反映企业经营业绩的好坏。盈利能力的强弱可以为企业的投资决策和经营管理提供依据，可以反映不同企业盈利能力的差距，可以反映同一个企业在不同时期盈利能力的提高情况，为企业预测和决策提供依据。

盈利能力分析是依据财务报告，从不同角度对企业盈利能力的强弱进行计算和评价，并对各影响因素进行分析，寻找提高盈利能力的途径，从而为利益相关主体提供决策依据。企业盈利能力分析既包括企业在一定时期内从事生产经营活动的盈利能力的分析，也包括企业在较长时间内稳定地获取较高利润能力的分析。

3. 企业营运能力分析

营运能力是指在外部市场环境的影响下，企业为实现目标通过合理配置内部生产资料和人力资源所产生的作用。营运能力有广义和狭义之分。广义营运能力指企业所有要素发挥的营运作用。狭义的营运能力是指企业营运资产的效率与效益。其中，效率是指资产的周转率或周转速度，效益是指营运资产的利用效果。效益通常用资产的产出额与资产占用额之间的比值来体现。这里主要研究狭义的营运能力。

营运能力分析是通过分析资产营运效率和效益指标，评价企业营运能力，为企业提高经济效益指明方向的过程。

---

① 刘柏霞，徐晓辉. 企业财务分析［M］. 北京：中国轻工业出版社，2018：196.

（三）资产负债表分析

资产负债表是反映企业在一定时期的财务状况的财务报表。一般来说，企业资产是负债与企业所有者权益的总和。企业资产负债表按照一定的分类标准和顺序，将企业一定时期的资产、负债和所有者权益项目进行适当排列，最后按照一定的要求编制而成。资产负债表属于静态报表。

资产负债表立足于企业产权角度，将表内各项目按流动性排列，反映了企业特定时日的财务状况。

1. 资产负债表项目质量分析

资产负债表项目质量分析是指在资产负债表全面分析的基础上，对资产负债表中资产、负债和所有者权益的主要项目进行深入分析，主要是对资产、负债、所有者权益等各要素的各个项目的质量进行分析。其主要包括会计政策、会计估计等变动对相关项目影响的分析。通过阅读各个项目的性质及数额变化，分析其变动趋势，预测企业未来财务状况。

2. 资产负债表结构分析

资产负债表结构分析是指通过对资产负债表内各项目与资产总额或权益总额的对比，计算出各项目的占比，分别对表内的资产结构、资本结构、负债结构、股东权益结构进行的分析。通过对资产结构分析，了解企业资产结构的合理性；通过对资本结构分析，了解企业负债在资本中所占比例，明确负债资本与权益资本的比例，判断企业资本结构是否合理。

3. 资产负债表水平分析

资产负债表水平分析是指通过对企业各项资产、负债和股东权益进行对比分析，揭示企业筹资与投资过程的差异，从而分析企业生产经营活动、经营管理水平、会计政策及会计估计变更对筹资与投资的影响。

4. 资产负债表趋势分析

资产负债表趋势分析是指通过对企业若干期总资产及主要资产项目、负债及主要负债项目、股东权益及主要股东权益项目数值的分析，比较相关项目的金额、增减方向和变动幅度，揭示当期财务状况的增减变化及其发展趋势的一种方法。

（四）企业利润表分析

企业利润是指企业在一定会计期间，收入减去费用后的净额及直接计入当期损益的利得和损失等。

市场经济条件下，企业最大的追求就是企业价值最大化或股东权益最大化。而实现企业价值最大化和股东权益最大化的基础是企业的利润。因此，企业的各项工作都围绕利润进行。

利润表是反映企业在一定会计期间经营成果的会计报表。它是按照各项收入、费用及构成利润的各个项目分类分项编制而成，是一张动态报表。利润表将一定会计期间的收入与其同一会计期间相关的费用进行配比，以计算出企业一定时期的税后净利润。利润表是会计报表中主要的报表，是企业进行利润分配的主要依据。

1. 利润表项目质量分析

利润表项目质量分析主要是根据利润表及附注所提供的详细信息，进一步分析说明企业利润表中主要项目的变动情况，揭示利润形成的主观原因和客观原因。以营业收入为起点，对构成利润表的各项目进行分析，通过分析收益的业务构成，了解不同业务的获利水平，明确它对企业总获利水平的影响方向和影响程度，最终收益的来源和构成。利润表项目质量分析包括企业收入分析、成本费用分析、资产减值损失分析、投资收益分析等。

2. 利润表水平分析

利润表水平分析是从利润的形成角度，反映利润额的变动情况，通过计算各个利润项目两个不同时期的变动额与变动率，编制利润表水平分析表，揭示企业在利润形成过程中的管理业绩、存在问题及产生问题的原因。

3. 利润表结构分析

利润表结构分析是通过构造共同比报表，将利润表中的每个项目与一个共同项目（一般是主营业务收入）相比，计算比率，以此分析企业利润的产生过程和结构。通过共同比报表中的比率数据，形成共同比利润表，以此分析利润表结构随时间的变动情况及变动原因，揭示各项利润及成本费用与收入之间的关系，以反映企业各个环节的利润、利润构成及成本费用水平。①

① 刘柏霞，徐晓辉．企业财务分析［M］．北京：中国轻工业出版社，2018：81.

4. 利润表趋势分析

利润表趋势分析是根据若干期的利润表中相同项目或指标，计算前后期的增减方向和幅度，比较和研究不同会计期间相同项目的变动情况和发展趋势的一种财务分析方法。既可以进行水平分析，也可以进行垂直分析；既可以用于对财务报表的整体分析，即研究一定时期财务报表所有项目的变动趋势，也可以对某些主要指标的发展趋势进行重点分析。

第三章 财务会计要素与调整披露

第一节 财务会计概述

一、财务会计的概念

财务会计又称为对外报告会计，是以货币为主要计量单位，依据企业会计准则和企业会计制度，对企业已发生的交易或事项，运用专门的方法和技术进行确认、计量和记录，并以财务报告为主要形式，定期向各经济利益相关者提供会计信息，旨在管好、用好企业资金的一种经济管理活动。

财务会计作为一个经济信息系统，由确认、计量、记录和报告等一系列元素构成。系统中的每一个元素都有其特定的职能、标准和方法，各个元素既各司其职又相互配合，形成一个有机整体，共同履行财务会计的职能，实现财务会计的目标。

二、财务会计的特征

财务会计的特征体现在以下五个方面。

第一，从服务对象来看，财务会计主要向企业外部提供信息，但它同时也为企业内部管理服务。

第二，从提供信息的形式来看，财务会计提供以财务报表为核心的信息。

第三，从提供信息的时间来看，财务会计主要提供货币量化的历史信息。

第四，从会计程序与方法来看，财务会计由确认、计量、记录和报告等程序构成。

第五，从工作过程约束来看，其依据是会计准则和会计制度。

三、财务会计的目标

（一）财务会计目标的内涵

企业财务会计目标是指在特定的范围和条件下，经过企业会计核算后，所希望产生的结果。其有利于提高企业会计核算工作的质量，也是检验核算工作效果的依据。根据会计准则的有关规定，企业会计核算目标分为“受托责任观”和“决策有用观”两种观点：一是受托责任观。会计核算的目标在于反映受托人的受托责任和履行情况，主要提供企业在生产经营过程中的各种经济信息，具有客观性和可靠性特征，强调的是“权责发生制”。二是决策有用观。会计核算的目标在于向使用者提供信息，帮助他们进行科学的经济判断和预测，主要反映企业经营过程中的现金流量数据，具有相关性和有用性特征，强调的是“价值”。

这两种观点是相互联系、互为补充的。二者各有侧重，各自适应经济发展的不同阶段。比如“受托责任观”适用于资本市场的初期，能够有效将企业的会计行为和经济决策保持一致性；“决策有用观”则适用于资本市场的成熟时期，有力地促进了会计理论和方法的革新。

事实上，财务会计的目标并非一成不变的，其随着社会经济的发展和市场环境的改变而适时地调整，具有与时俱进性。

我国一般将公司的财务会计目标界定为：用以反映公司管理层所受托负责的完成状况，为经营管理人员和财务信息使用者做出合理的经营决定提供依据。

（二）财务会计目标的作用

1. 为财务信息使用者提供决策依据

企业财务会计旨在利用企业一系列的财务行为制作财务报告等经济资讯，并提供给财务报告使用者，从而使其做出合理的财政决定。不同的企业财务信息用户都具有不同的会计信息需求，对企业财务会计信息系统来说，针对的对象主要是会计信息用户，体现的是一种“信息共性要求”。

随着社会市场经济的迅速发展，财务信息的重要性日益提高，我国的财务信息使用者具体有以下几种。

第一，投资者。投资者包括现有的投资者、潜在的投资者，企业的财务信息首先应当满足这类群体的需要，帮助投资者在投资的过程中进行风险评估和收益预测，从而使其做出正确的投资决策。

第二，债权人。会计上所指的债权人多为银行等金融机构，而企业的会计信息则可以帮助这类金融机构更准确地了解债权人的资产状况和还款能力，评估发放贷款的风险和收回款项的可能性。

第三，供应商和客户。供应商和客户是与企业来往最密切的群体，企业向这类群体提供财务信息以便他们了解企业的生产经营状况，对商业合作风险进行预测，为商业决策提供依据。

第四，政府部门。政府对社会市场经济的监督管理和宏观调控，都离不开企业会计核算信息，为政府的财政政策、税收政策、货币政策等提供必要的信息指南和依据，尤其是对政府的税务机关而言。

第五，企业内部信息使用者。企业内部信息使用者包括企业的管理层、员工和工会等，正确、实时的企业会计核算信息有利于企业内部的日常经营管理，提高企业的生产效率和运转的科学性。

第六，其他信息使用者。保险公司、证券交易所、会计师事务所、律师事务所、社会媒体、人民群众等主体都依赖于一定的企业财务会计信息，做出正确的经济决策和行为。

从上述情况可以看出，不同的财务信息使用者对企业财务信息的需求有所差异，但这些财务报告使用者都在带有一定目的的基础上对企业的财务信息进行了解。

2. 反映管理层受托责任的履行情况

随着现代公司制的建立，公司经营权从个人所有权中剥离开来，由公司的管理人员受托于委托人的委托，对公司的经营活动和所有负债实施监督管理，并承担受托民事责任。这里，企业管理者管理的公司所有资本被当作投资者的投入资本、留存收益或是向债务人借款的资本，公司管理人员对这部分资本承担管理义务，同时可以利用这批资本保证公司的运作，提高公司的收益与投资人的收入。

这表明，企业的财务信息能够使得管理层借助企业的各项资产，从而做出正确的经济决策。

第二节　资产、负债及所有者权益

一、资产

（一）资产的定义与特征

资产是会计要素中最为重要的一个，是所有会计要素内在有机联系的核心。会计学上的“资产”在经济学上是“经济资源”的概念，正因为有了这些资源，才会有资源的所有权问题，才会有这些资源的流入与流出问题，也才会有所有者权益、负债、收入、费用等问题。

资产在《企业会计准则——基本准则》中的定义是：“资产是指企业过去的交易或者事项形成的、由企业拥有或者控制的、预期会给企业带来经济利益的资源。”资产是包括各种财产、债权和其他权利在内的经济资源。一些资产具有实物形态，比如房屋建筑物、商品、运输工具和机器设备，一些资产并没有有形的形态，如客户应该付给企业的款项、专利权或者土地使用权等。但不论是以哪种形态存在的资产，都具有以下三个特征。

第一，资产是由企业过去的交易或者事项形成的。这意味着会计记录和报告的是已经发生的经济业务，如已经发生的购买、生产、建造行为或者其他交易或事项。能够使企业获得经济利益、控制别人获得这种利益的交易或其他事项必须是已经发生的。预期在未来发生的交易或者事项不形成资产。所以将可能要发生并可能获得的资产进行提前确认是不被允许的。只有当资产上的风险和报酬转移到企业后，才能考虑确认为资产。

第二，资产是由企业拥有或者控制的。这意味着企业享有某项资源的所有权，或者虽然不享有某项资源的所有权，但该资源能被企业控制。比如，融资租入的固定资产，虽然企业没有所有权，但是企业可以实际控制和支配这些资产，因此，如果这些资产仍符合资产的确认条件和其他特征，在资产负债表上就能确认为企业的资产。

第三，资产预期能够给企业带来经济利益。这意味着资产具有直接或者间接导致现金和现金等价物流入企业的潜力，强调了资产的有用性或者营利性。资产是企业拥有或者控制的，但是企业拥有或者控制的资源未必都是资产，未来不能给企业带来经济利益的就不是资产。有些资源原来是可以给企业带来未来经济利益的，但由于后来情况发生了变化，比如一项专有技术被另外的新技术取代，没有了转让价值，就不能再被确认为资产。如果一幢建筑物的可收回金额低于其账面价值，说明可以带来的未来经济利益减少了，就需要提取减值准备。

（二）资产的确认条件

资源在满足上述三个特征以后，还必须具有以下两个确认条件才可以被列入资产负债表。

第一，与该资源有关的经济利益很可能流入企业。比如，已经签订购买合同的商品，虽然销售商还没有将其运出仓库或没有送到购买方企业所在地，但是由于所有权已经转移给购买方企业，商品上所含的经济利益（比如涨价后的得益）已流入购买方企业，所以应将其视作购买方的资产。

第二，该资源的成本或者价值能够可靠计量。可靠计量是指必须取得确凿、可靠的证据，并且具有可验证性。对于符合资产的定义但不符合资产的确认条件的项目，应在会计报告附注中进行相关披露。

（三）资产的主要内容

资产的构成内容相对比较多，分类方法也有很多。使用最多的是按照流动性进行的分类。所谓资产的流动性，就是指在不需要大幅度价格让步的情况下，资产转换为现金、出售或者耗用的速度，以此表现资产带来未来现金流量的能力。按照流动性不同，资产主要可分为流动资产和非流动资产（长期资产）。

1. 流动资产

流动资产是指主要以交易目的而持有的，或者预计能够在一个正常营业周期内变现、出售或者耗用的资产。正常营业周期是指企业从购买用于加工的资产起至实现现金或现金等价物的期间。正常营业周期通常短于一年。生产周期较长等导致正常营业周期长于一年的，尽管相关资产往往超过一年才变现、出售或耗用，但其仍应当划归为流动资产。正常营业周期不能确定的，应当以一年作为正常营业周期。流动资产具有形态改变快、周转快和流动性强的特点，包括库存现金、银行存款、应收账款、预付账款、存货等。

库存现金：核算企业的库存现金。

银行存款：核算企业存入银行和其他金融机构的各种存款。

应收账款：核算企业因销售商品、提供劳务等应收取的款项。

预付账款：核算企业按照购货合同规定预付给供货单位的款项。

存货，是指企业在日常活动中持有以备出售的产成品或商品、处在生产过程中的在产品、在生产过程或提供劳务过程中耗用的材料和物料等。

在制造业企业中，流动资产还包括原材料、在产品和自制半成品等。

2. 非流动资产

非流动资产是指除流动资产以外的资产，它具有形态相对稳定、周转慢和流动性较弱等特点。非流动资产包括长期股权投资、固定资产、无形资产和长期待摊费用等。下面简单介绍其中两个重要项目。

固定资产：使用年限超过一年的房屋、建筑物、机器设备、运输设备以及其他与生产经营有关的设备、器具等，不属于生产经营主要设备的物品，单位价值在 2 000 元以上，并且使用年限超过两年的，也应当作为固定资产。①

无形资产：企业拥有或者控制的、没有实物形态的、可辨认的非货币性资产，包括专利权、著作权、商标权、非专利技术和土地使用权等。

除了按照流动性分类，还可以依据其他标准将资产划分为核心资产和非核心资产、货币性资产和非货币性资产、金融资产和非金融资产等。

二、负债

（一）负债的定义和特征

负债的定义和资产的定义相呼应。《企业会计准则——基本准则》将负债定义为：“负债是指企业过去的交易或者事项形成的、预期会导致经济利益流出企业的现时义务。”负债是企业的一种经济义务或者经济责任，代表了债权人对借款人的资产的要求权，它具有以下特征。

第一，负债是由企业过去的交易或者事项形成的。预期在将来要发生的交易或者事项可能产生的债务不能作为负债。

第二，负债是企业现时的义务，指企业在现行条件下已承担的义务，而不是潜在的义务。

第三，清偿债务将会导致企业未来经济利益的流出。企业往往会在将来把本企业拥有

---

① 李滨. 浅议企业固定资产管理改进对策 [J]. 全国商情·理论研究，2020 (1)：87-88.

或者控制的资产或劳务转移给对方以清偿债务，也可以通过转化为所有者权益的方式来清偿债务。不论什么方式的偿还，最终都表现为含有经济利益的经济资源的减少。这是和资产相对应的特征。

（二）负债的确认条件

一项义务在符合负债定义的同时，还必须满足以下两个确认条件才可以在资产负债表中作为负债列示。这些确认条件也是与资产的确认条件相对应的。

第一，与该义务相关的经济利益很可能流出企业。

第二，未来流出的经济利益的金额能够可靠计量。

（三）负债的主要内容

负债一般根据偿还期限的长短划分为流动负债和非流动负债（长期负债）。

1. 流动负债

流动负债是指主要为交易而持有的，或者将在一个正常营业周期内偿还的债务。它包括短期借款、应付票据、应付账款、预收账款、应付股利、应付职工薪酬、应交税费、其他应付款等。下面简单介绍短期借款、应付账款和预收账款。

短期借款：核算企业向银行或者其他金融机构等借入的期限在一年以及一年以内的各种借款。

应付账款：核算企业因购买材料、商品和接受劳务供应等而应付给供应单位的款项。

预收账款：核算企业按照合同规定向购货单位预收的款项。

2. 非流动负债

非流动负债是指流动负债以外的负债，包括长期借款、应付债券和长期应付款等。一项长期借款如果在资产负债表日之后的一年内到期，则应当在流动负债中列示。下面简单介绍长期借款和应付债券。

长期借款：核算企业向银行或者其他金融机构等借入的期限在一年以上的各种借款。

应付债券：核算企业通过发行公司债券方式募集资金所需要归还的债务。这和企业拥有闲余资金、对外进行投资、购买其他公司发行的债券等是不同的。前者是一项负债，后者则作为企业的资产，根据时间长短可以分为交易性金融资产和持有至到期投资等。

三、所有者权益

（一）所有者权益的定义和特征

所有者权益在《企业会计准则——基本准则》中的定义为：“所有者权益是指企业资产扣除负债后由所有者享有的剩余权益。”公司的所有者权益又称为股东权益。

权益是资产所有者对其资产享有或可以主张的权利。债权人在企业中拥有的权益通过企业的负债要素来体现；企业所有者的权益，顾名思义，就是通过所有者权益要素来体现。

负债和所有者权益两个要素共同反映企业的权益。所有者权益具有以下特征。

第一，所有者权益的余额取决于资产和负债的计量，是由资产和负债的差额决定的，所以又被称为净资产。

第二，所有者权益是一种“剩余权益”。这里的“权益”表明：虽然所有者权益从形式上等于资产减去负债，但是所有者权益并不是这个差额本身，而是指对这个差额所拥有的权益，即投资人对投入的资本及其运用所产生的结果享有的所有权、占用权、处置权、分配权等要求权。“剩余”则说明该权益对企业资产的要求权是在负债之后的。企业对债权人同样负有经济责任，债权人对企业资产的要求权，从法律角度上优先于投资人。所以所有者享有的是剩余资产的要求权。

第三，在企业持续经营的情况下，所有者投入的资金一般不能收回。所有者可以享受长期的权益，直到企业破产清算结束后。所有者可以获得的分红没有确定的金额。而债权人的权益却有着明确的时限和金额。同样是权益，所有者和债权人在企业享受着不同的权益内容，这是由他们一开始选定的。通过债转股等方式，他们可以选择转换角色，如从债权人身份转换成所有者身份。

（二）所有者权益的来源

所有者权益的来源包括所有者投入的资本、留存收益、直接计入所有者权益的利得和损失等。

所有者投入的资本很容易理解。留存收益是企业从历年实现的利润中提取或者形成的留存于企业内部的积累，来源于企业的生产经营活动所实现的利润。留存收益是投资者的原始投资在企业内部滋生并留存下来的部分。

利得和损失是区别于收入和费用的两个概念，它们是指企业边缘性或偶发性交易或事项所形成的经济利益的流入或流出。

直接计入所有者权益的损失则是指企业非日常活动所发生的、会导致所有者权益减少的、与向所有者分配利润无关的经济利益的流出。

（三）所有者权益的主要内容

所有者权益主要由实收资本、资本公积、盈余公积和未分配利润组成。

实收资本是指投资者作为资本投入企业中的各种资产的价值。股份有限公司对股东投入资本用“股本”来核算。投资者投入企业的资本可以是现金、其他有形资产、无形资产，比如货币、实物、工业产权、非专利技术、土地使用权、知识产权或者股权等用货币估价并可以依法转让的非货币财产。其中非货币财产需要通过评估作价。

资本公积是指由投资者或其他人（或单位）投入，所有权归属于投资者，但不构成实收资本的那部分资本或者资产，也即企业收到投资者出资额超出其在注册资本或股本中所占份额的部分。它的来源主要有所有者投入的超出法定资本份额的部分或者应直接计入所有者权益的利得和损失。资本公积是不能用于弥补公司亏损的，它是一种资本的储备形式。

盈余公积是指企业按照规定从净利润中提取的各种积累资金。盈余公积可以分为法定盈余公积和任意盈余公积两类。盈余公积可以用于弥补亏损和转增资本。根据《中华人民共和国公司法》（简称《公司法》）的规定，企业分配当年税后利润时，需要提取利润的10%作为企业的法定盈余公积。当法定盈余公积金累计额超过公司注册资本的50%以后，可以不再提取法定盈余公积。法定盈余公积转增资本时，所留存的法定盈余公积不得少于转增前公司注册资本的25%。

未分配利润是企业留待以后年度进行分配的结存利润。企业的留存收益中，没有指定用途、可以留待以后年度分配或者转为再投资的部分，就是未分配利润。它和盈余公积一起合称为留存收益，构成企业内部的积累资金。

第三节　收入、费用及利润

一、收入

（一）收入的特征

我国《企业会计准则——基本准则》对收入的定义是：“企业在日常活动中形成的、

会导致所有者权益增加的、与所有者投入资本无关的经济利益的总流入。”收入就是企业向客户出售商品，以及提供服务的过程中得到的资源。收入具有以下特征。

第一，收入是在企业日常活动中形成的。日常活动是指企业为实现其经营目标所从事的经常性活动以及与之相关的活动。例如，工业企业制造并销售产品、商业企业销售商品、保险公司签发保单、咨询公司提供咨询服务、软件企业为客户开发软件、安装公司提供安装服务、商业银行对外贷款、租赁公司出租资产等，均属于企业的日常活动。这就将收入和利得区分开来了。并不是除了投资者投资之外，企业所有增加的经济利益都是收入。产生收入的经营活动具有经常性、重复性和可预见性。企业在边缘性或偶发业务中取得或者是没有预期获得的收益，就是利得，而不是收入，比如企业罚款收入、公允价值变动或非流动资产处置时的净收益等。

第二，收入是会导致所有者权益增加的、与所有者投入资本无关的经济利益的总流入。这说明收入的表现形式是经济资源的流入。经济利益的流入有时是所有者投入资本引起的，这就是所有者权益中的内容，而非收入范畴。收入的经济利益流入具体表现为资产的增加或负债的减少，最终体现为净资产的增加。比如销售 10 000 元商品确认收入时，就是增加了资产 10 000 元（银行存款、库存现金、应收账款等形式），或者抵消了负债 10 000 元（预收账款等）。如果企业为客户代收款项，比如增值税、利息税和押金等，增加企业资产（库存现金等）的同时增加了企业的负债（应交税费等），并不会形成所有者权益的增加，经济利益也没有流入本企业，所以就不是企业的收入。

（二）收入的确认条件及确认标准

收入只有在符合定义、特征和以下两个确认条件以后，才能列入利润表。收入的确认条件是：第一，经济利益很可能流入从而导致企业资产增加或者负债减少；第二，经济利益的流入额能够可靠计量。

在确认收入时，还涉及确认标准，其影响了确认收入的时间。应该在什么时候确认收入，是在收到货款时，还是在签订合同、发出货物时确认收入，会影响不同时间段里确认的收入金额，从而导致各个时间段的利润总额发生变动。

目前比较通行的确认标准有两种：权责发生制和收付实现制。这两种方法对收入和费用的确认依据不同的标准，从而影响了企业经营业绩的各期计量结果。两种方法各有利弊。我国目前采用权责发生制作为会计确认、计量和报告收入的基础，并以现金流量表做补充。权责发生制又被称为应收应付制、应计制，是指凡当期已经实现的收入和已经发生或应负担的费用，不论款项是否收付，都应作为当期收入和费用处理；凡不属于当期的收入和费用，即使款项已经在当期收付，也不应作为当期的收入和费用。这意味着，如果现在提供商品给客户，但是客户下个月才将货款补上，在权责发生制下，应该算是这个月的收入，而非收款当月即下个月的收入。

收付实现制又被称为现金收付制、现金制，是指凡当期实际收到或支付的款项，不论收入或费用是否在本期实现或发生，都视作本期的收入或费用；凡当期没有实际收到或支付的款项，即使收入或费用在本期实现或发生，都不作为本期的收入或费用。这意味着，如果现在提供商品给客户，客户下个月才付款，那么在收到款项的当月款项才能作为收入被确认入账。

（三）收入的主要内容

对于不同企业而言，收入的构成可能不尽相同。比如：银行的主要收入来源可能是利息收入和手续费收入，保险公司的主要收入来源是保费收入。因此收入的内容有很多。收入一般包括主营业务收入和其他业务收入，主营业务收入一般是指营业执照注明的主营业务所取得的收入，如制造业企业主要包括销售商品、对外提供劳务等所取得的收入。其他业务收入一般是指营业执照注明的兼营业务所取得的收入，如制造业企业主要包括出售原材料、出租固定资产、出租包装物、出租无形资产等业务所取得的收入。

二、费用

（一）费用的特征

费用的定义是与收入相对的，是指企业在日常活动中发生的、会导致所有者权益减少的、与向所有者分配利润无关的经济利益的总流出。费用具有以下特征。

第一，费用是在企业日常活动中发生的。其与损失的区别是：损失是企业由于除主要的经营活动以外的或偶然发生的交易所导致的经济利益的流出，是被动的、边缘性的、管理者难以控制的，如企业罚款支出或者非流动资产处置的净损失等。而费用是经常性的主动行为。

第二，费用是会导致所有者权益减少的、与向所有者分配利润无关的经济利益的总流出。费用的发生代表了经济资源的减少或牺牲，这种减少或牺牲表现为资产的减少、负债的增加或者兼而有之，最终导致所有者权益减少。比如：用现金或者现金等价物支付水电费，减少了资产，如果积欠没有支付，则增加了负债。

（二）费用的确认条件及确认标准

费用还需要具备以下条件才能在利润表中确认：第一，经济利益很可能流出从而导致企业资产减少或者负债增加。第二，经济利益的流出额能够可靠计量。

费用的确认受到三个标准的影响：权责发生制、配比性以及划分资本性和收益性支出。

第一，我国使用权责发生制作为确认、计量和报告费用的标准。所以，当期已经发生或者应当负担的耗费，不论有没有支付款项，都作为当期的费用处理；而不属于当期发生的耗费，即使当期支付了款项，也不作为当期的费用处理，如这个月支付的上个月的电费，就不属于这个月的费用。

第二，我国根据流转过程收入理论强调费用与收入之间形成配比关系。也就是说，为取得当期收入而付出的代价，作为当期的费用确认。

根据权责发生制和配比性要求，费用确认的时点是根据相关支出的效用发挥时点来确定的，而非支出发生时点。因此，依据受益期确认费用。比如，现在一次性支付明年一年的店面租金 12 000 元，受益的时间是明年，明年的每个月都获得了使用店面的效用。因此，明年的每个月确认租金费用为 1 000 元，而不是在支付租金款项的现在确认 12 000 元费用。费用和当期实现的收入存在着因果的“期间配比”关系。

第三，费用和资产之间的界限由划分收益性和资本性支出标准来界定。解释收益性支出和资本性支出之前，先明确支出的概念。支出，是指企业在生产经营过程中为了达到特定的目的而做出的支付行为导致的资源流出，发生于获得资产、清偿债务、交纳税金、分配利润等经常性业务中。和“支出”相对的就是企业没有付出努力而发生利益纯扣减的“损失”。企业资源减少有两种方式：支出和损失。

支出都是由特定目的形成的，根据其目的不同，可以分为偿债性支出、权益性支出、资本性支出和收益性支出。偿债性支出和权益性支出是企业为了偿还债务、交纳税金、分配利润等而导致的资源流出，有时可以合称为偿付支出。这些支出是否划分为费用，要依具体情况而定，比如用银行账户里的存款支付的本期企业所得税，是本期费用；但是用银行存款偿还的应付账款、短期借款等债务，就不是本期费用了。资本性支出和收益性支出是为企业带来经济效益的支出。如果一项支出能给企业带来超过一个会计期间（或一个正常营业周期）的效益，则称其为资本性支出，进行资本化处理，计入资产，在后续期间中再从资产转入费用，影响转入时期的损益。如果一项支出给企业带来的效益只作用于当期，则称其为收益性支出，记作费用，算入当期损益。比如：企业购买的生产设备可以使用五年，超过一个会计期间，所以我们将它资本化处理，计入固定资产，在使用过程中逐渐将其转入费用；企业支付的行政部门水电费等办公经费，效益作用于经费发生的该月，所以我们将其作为当月费用确认，形成当月利润的扣减项。

《企业会计准则——基本准则》还规定了一些情况下的费用确定，如："企业发生的支出不产生经济利益的，或者即使能够产生经济利益但不符合或者不再符合资产确认条件的，应当在发生时确认为费用，计入当期损益。"可见不构成资产的支出作为费用确认。企业发生的交易或者事项导致其承担了一项负债而又不确认为一项资产的，应当在发生时确认为费用，计入当期损益。

（三）费用的主要内容

费用是一定期间所发生的全部收益性支出，主要可以分为三个部分：第一部分是当期营业活动应承担的营业成本和税金，以"主营业务成本""其他业务成本"和"税金及附加"来核算；第二部分虽然不直接产生收入，但也是为获取当期收入而发生的经济利益总流出，如工会经费、利息净支出、展览费、行政人员的办公经费等，称为期间费用，主要指本期发生的、不能直接或间接归入某种产品成本的、直接计入损益的各项费用；第三部分是资产减值损失等企业为计提坏账准备等发生的损失。

其中，期间费用又可以分成三个项目。

第一，管理费用。管理费用主要是指企业行政管理部门为组织和管理生产经营活动而发生的各种费用，包括工会经费、职工教育经费、业务招待费、公司经费、无形资产摊销、劳动保险费等。公司经费主要是指企业总部管理人员的工资、职工福利费、差旅费、办公费、折旧费、修理费等。

第二，销售费用。销售费用主要是指企业在销售产品、提供劳务等日常经营过程中发生的各项费用以及专设销售机构的各项经费，包括销售过程中的运输费、装卸费、保险费、包装费、广告费和展览费，以及销售机构职工工资、福利费等经常性费用。

第三，财务费用。财务费用主要是指企业筹集生产经营所需资金而发生的费用，包括利息净支出、汇兑净损失、金融机构手续费等。

（四）费用和成本的区别与联系

费用和成本是两个不同的概念，很容易混淆。费用是和特定会计期间实现的收入相配比的耗费，比如行政管理人员的工资和办公费，销售中发生的广告费、运输费、包装费等。成本是企业为生产产品、提供劳务而发生的各种资源耗费或转移，是针对特定对象（如生产的产品或提供的劳务）而归集和计算的经济资源的耗费，如生产过程中发生的材料耗费和车间人员薪酬等。企业要获得一项资源，必然要以牺牲另一项资源为代价。可以说，成本是为了获得一项资产或某种服务而付出的代价。成本是企业资源转化的量度。企业发生成本，并没有发生经济利益的净流出。只是企业资源从一种形态转变成了另外一种形态，企业的总资源并未发生变化，因而不会减少所有者权益。这是成本与费用的根本区别。成本不能抵减收入，只能以资产的形式反映在资产负债表中，而费用则冲减当期的收入，反映在利润表中。但是成本通过转化为存货成本，最终可以转化为费用。

三、利润

（一）利润的特征

“利润是企业在一定会计期间的经营成果。”这是《企业会计准则——基本准则》中利润的定义。利润包括收入减去费用后的净额、直接计入当期利润的利得和损失等。这意味着利润是经济利益的净增加额。我国利润要素的定义类似于美国 FASB 倡导的“全面收益”要素，并不仅等于收入减去费用后的净额，还包括利得和损失的部分。收入和费用之间形成因果的配比关系，利得和损失之间没有这种配比关系。利润的定义体现了这种相关性，用收入扣减相关的费用，再计算彼此不相关的利得和损失。

值得注意的是，这里的利得和损失只是应当计入当期损益、会导致所有者权益发生增减变动的、与所有者投入资本或者向所有者分配利润无关的利得或者损失。

利润的计量可以用公式表示如下：

利润=（收入-费用）+直接计入当期利润的利得-直接计入当期利润的损失

（二）利润的主要内容

1. 营业利润

营业利润是企业在某一会计期间内最为主要，也是最为稳定的利润来源。计算公式如下：

营业利润=营业收入-营业成本-税金及附加-销售费用-管理费用-财务费用
-资产减值损失+公允价值变动收益+投资收益

2. 利润总额

利润总额计算公式如下：

利润总额=营业利润+营业外收入-营业外支出

营业外收入，指企业发生的与其日常活动无直接关系的各项利得；营业外支出，企业发生的与其日常活动无直接关系的各项损失。

3. 净利润

净利润计算公式如下：

净利润=利润总额-所得税费用

（三）本年利润结转

1. 本年利润结转的方法

第一，表结法，即用“利润表”结转期末损益类项目，计算体现期末财务成果的方法。每月月末只结出损益类账户的期末余额，包含期末费用。不到年末，不需要使用“本年利润”的账户，“本年利润”账户主要为本月栏和本年累计栏，本月栏主要反映了当年利润财务费用的本月发生额的合计，本年累计栏主要填写本月余额。表结转，账户不结转。表结法在平时直接在利润表结转，省去了转账环节，并可以从账户余额得出本年累计的指标，时间并不影响利润表的编制及有关损益指标的利用。[①] 这种方法只能 1~11 月采用，12 月必须采用使用账结法结转整个年度的累计余额。

第二，账结法，是每个会计期间期末将损益类账户净期末余额结转到本年利润账户中，损益类账户月末不留余额。资产负债表上本年利润账户填列的是账户实际余额。每个会计期间期末将损益类账户净期末余额结转到本年利润账户中，损益类账户月末不留余额。资产负债表上本年利润账户填列的是账户实际余额。账结法下每个月末需要将损益账户的余额转入本年利润账户。

2. 本年利润结转的核算

企业通过“本年利润”的账户核算企业当期的利润情况，此利润为此会计期间的净利润（或净亏损）。每个会计期末，各损益类账户的余额都会结转进入“本年利润”账户，将收入收益类账户的余额转入“本年利润”账户的贷方，借方，则结转企业的成本费用类

---

① 吴育湘，杜敏. 财务会计［M］. 镇江：江苏大学出版社，2018：283.

账户的余额。结转后，“本年利润”账户的贷方结出余额，则说明，此会计期间，企业经营实现盈利，反之，借方结出余额，则说明，此会计期间，企业经营发生亏损。每年年末，企业用“利润分配”账户的贷方结转本年的净利润，通常情况下“利润分配”账户的借方代表的是本年所亏损的金额，期末需要结转，结转后其账务无余额。

（四）利润分配

利润分配，是指企业税后净利润的分配，是企业利润总额（税前会计利润）减去所得税费用后的净额分配。

1.“利润分配”科目设置

通常情况下企业在进行本年度利润分配或者核算其亏损情况时需要用到“利润分配”科目，其余额代表的分配后的金额。“利润分配”科目下的明细科目较多，常见的有“盈余公积补亏”“未分配利润”“提取法定盈余公积金”等，这些明细科目让“利润分配”科目核算更加明确。当然，后期企业的未分配利润及对应没有弥补的亏损也会通过“利润分配”来核算。

2. 利润分配的会计处理

利润分配主要分为提取盈余公积、分配给股东或投资者的利润。

第一，企业提取的盈余公积应按照有关规定执行。会计科目处理时，借：利润分配，其对应的明细科目为提取法定盈余公积或提取任意盈余公积，贷：盈余公积，其对应的明细科目为法定盈余公积或任意盈余公积。相应的明细科目均相互对应。盈余公积的一个主要作用便是用来弥补企业亏损，进行账务处理过程中需要记相反会计科目。

第二，分配给股东或投资者的利润可以为现金或股利，利润的分配方式应该经由股东大会或类似机构决议。会计科目处理，借方为“利润分配—应付现金股利或利润”，贷方为“应付股利”。

年末，企业本年实现净利润时，应做会计处理，借“本年利润”，贷“利润分配—未分配利润”；企业亏损时，则处理为借“利润分配—未分配利润”，贷“本年利润”。同时，将“利润分配”下除“未分配利润”外明细科目的余额，都应全部转入“利润分配—未分配利润”，也就是说，年末结转后，除“未分配利润”外，所有明细科目都为零。

第四节 财务会计的调整与披露

一、会计政策及其变更

（一）会计政策概述

会计政策，是指企业在会计确认、计量和报告中所采用的原则、基础和会计处理方法。

作为会计政策的原则，是指按照企业会计准则规定的、适合于企业会计核算（初始确认）的具体会计原则。如预计负债的确认条件、收入的确认条件等。

作为会计政策的基础，是指为了将会计原则应用于交易或者事项而采用的会计基础，主要是计量基础。如交易性金融资产等用公允价值计量，投资性房地产用成本计量还是公允价值计量，资产减值中的公允价值或未来现金流量现值计量等。

会计处理方法，是指企业在会计核算中按照法律、行政法规或者国家统一的会计制度等规定采用或者选择的、适合于本企业的具体会计处理方法。如发出存货的计价方法、长期股权投资核算的成本法和权益法、研发支出的处理方法、借款费用的处理方法等。

企业所采用的会计政策通常应当在报表附注中披露，常见的有以下几种。

第一，财务报表的编制基础、计量基础和会计政策的确定依据等。

第二，存货的计价，是指企业存货的计价方法。例如，企业发出存货成本的计量是采用先进先出法，还是采用其他计量方法。

第三，固定资产的初始计量，是指对取得的固定资产初始成本的计量。例如，企业取得的固定资产初始成本是以购买价款，还是以购买价款的现值为基础进行计量。

第四，无形资产的确认，是指对无形项目的支出是否确认为无形资产。例如，企业内部研究开发项目开发阶段的支出是确认为无形资产，还是在发生时计入当期损益。

第五，投资性房地产的后续计量，是指企业在资产负债表日对投资性房地产进行后续计量所采用的会计处理。例如，企业对投资性房地产的后续计量是采用成本模式，还是公允价值模式。

第六，长期股权投资的核算，是指长期股权投资的具体会计处理方法。例如，企业对被投资单位的长期股权投资是采用成本法，还是采用权益法核算。

第七，非货币性资产交换的计量，是指非货币性资产交换事项中对换入资产成本的计量。例如，非货币性资产交换是以换出资产的公允价值作为确定换入资产成本的基础，还是以换出资产的账面价值作为确定换入资产成本的基础。

第八，收入的确认，是指收入确认所采用的会计方法。

第九，借款费用的处理，是指借款费用的处理方法，即采用资本化还是采用费用化。

第十，外币折算，是指外币折算所采用的方法以及汇兑损益的处理。

第十一，合并政策，是指编制合并财务报表所采用的原则。例如，母公司与子公司的会计年度不一致的处理原则，合并范围的确定原则等。

（二）会计政策变更

1. 会计政策变更的含义

会计政策变更，是指企业对相同的交易或者事项由原来采用的会计政策改用另一会计政策的行为。一般情况下，为保证会计信息的可比性，使财务报告使用者在比较企业一个以上期间的财务报表时，能够正确判断企业的财务状况、经营成果和现金流量的趋势，企业在不同的会计期间应采用相同的会计政策，不应也不能随意变更会计政策；否则，势必削弱会计信息的可比性，使财务报告使用者在比较企业的经营成果时发生困难。

需要注意的是，企业不能随意变更会计政策并不意味着企业的会计政策在任何情况下均不能变更。

2. 会计政策变更的条件

为了防止企业任意变更会计政策，《企业会计准则（2023 年版）》对会计政策变更的条件进行了规定，企业只有在符合下述两个条件之一的情形下，才可以变更会计政策。

第一，法律、行政法规或者国家统一的会计制度等要求变更。这种情况是指，按照法律、行政法规以及国家统一的会计制度的规定，要求企业采用新的会计政策，则企业应当按照法律、行政法规以及国家统一的会计制度的规定改变原会计政策，按照新的会计政策执行。

第二，会计政策变更能够提供更可靠、更相关的会计信息。由于经济环境、客观情况的改变，企业采用原来的会计政策所提供的会计信息，已不能恰当地反映企业的财务状况、经营成果和现金流量等情况。在这种情况下，应改变原有会计政策，按变更后新的会计政策进行会计处理，以便对外提供更可靠、更相关的会计信息。

如果没有充分、合理的证据表明会计政策变更的合理性，或者没有经相关机构批准擅自进行会计政策变更，或者连续、反复地自行变更会计政策，则视为滥用会计政策变更，应按照前期差错更正的方法进行处理。

3. 不属于会计政策变更的情形

对会计政策变更的认定，直接影响会计处理方法的选择。因此，在会计实务中，企业应当正确认定属于会计政策变更的情形。下列两种情况不属于会计政策变更。

第一，本期发生的交易或者事项与以前相比具有本质差别，而采用新的会计政策。例如：融资租赁合同变更为经营租赁合同以及对长期股权投资的持股比例发生变化，改变对长期股权投资的核算方法，是因为与以前相比具有本质差别而采用新的会计政策，不是会计政策变更。

第二，对初次发生的或不重要的交易或者事项采用新的会计政策。例如，企业本期首次通过受让方式取得了一项土地使用权，准备增值后转让。对于这一初次发生的业务，企业依据投资性房地产准则制定新的会计政策进行处理，不属于会计政策变更。

会计政策变更并不意味着以前期间的会计政策是错误的。如果由于以前期间错误地运用会计政策，导致现在变更会计政策，那么这种情况下的变更属于前期差错更正，应按前期差错更正的方法进行处理。

（三）会计政策变更的会计处理

对于会计政策变更的会计处理，就是要决定是否计算和确认会计政策变更的累计影响数；如果确认会计政策变更的累计影响数，是将其计入当期（变更期）的损益还是调整当期期初留存收益。发生会计政策变更时，有两种会计处理方法，即追溯调整法和未来适用法，两种方法适用于不同情形。

1. 追溯调整法

追溯调整法，是指对某项交易或事项变更会计政策，视同该项交易或事项初次发生时即采用变更后的会计政策，并以此对财务报表相关项目进行调整的方法。

采用追溯调整法时，对于比较财务报表期间的会计政策变更，应调整各期间净损益各项目和财务报表其他相关项目，视同该政策在比较财务报表期间上一直采用。对于比较财务报表可比期间以前的会计政策变更的累积影响数，应调整比较财务报表最早期间的期初留存收益，财务报表其他相关项目的数字也应一并调整。

2. 未来适用法

若会计政策变更的累积影响数无法可靠确定，则应采用未来适用法处理。

未来适用法，是指将变更后的会计政策应用于变更日及以后发生的交易或者事项，或者在会计估计变更当期和未来期间确认会计估计变更影响数的方法。

在未来适用法下，不需要计算会计政策变更产生的累积影响数，也无须重编以前年度的财务报表。企业会计账簿记录及会计报表上反映的金额，变更之日仍保留原有的金额，不会因会计政策变更而改变以前年度的既定结果，而是在现有金额的基础上再按新的会计政策进行核算。

3. 会计政策变更的会计处理方法的选择

对于会计政策变更，企业应当根据具体情况，分别采用不同的会计处理方法。

（1）法律、行政法规或者国家统一的会计制度等要求变更的情况下，企业应当分别对以下情况进行处理：一是国家发布相关的会计处理办法，则按照国家发布的相关会计处理规定进行处理；二是国家没有发布相关的会计处理办法，则采用追溯调整法进行会计处理。

（2）会计政策变更能够提供更可靠、更相关的会计信息的情况下，企业应当采用追溯调整法进行会计处理，将会计政策变更累积影响数调整列报前期最早期初留存收益，其他相关项目的期初余额和列报前期披露的其他比较数据也应当一并调整。

（3）确定会计政策变更对列报前期影响数不切实可行的，应当从可追溯调整的最早期间期初开始应用变更后的会计政策；在当期期初确定会计政策变更对以前各期累积影响数不切实可行的（如账簿资料不全），应当采用未来适用法处理。

以下特定前期，对某项会计政策变更应用追溯调整法或进行追溯重述以更正一项前期差错是不切实可行的：一是应用追溯调整法或追溯重述法的累积影响数不能确定；二是应用追溯调整法或追溯重述法要求对管理层在该期当时的意图作出假定；三是应用追溯调整法或追溯重述法要求对有关金额进行重大估计，并且不可能将提供有关交易发生时存在状况的证据（例如，有关金额确认、计量或披露日期存在事实的证据，以及在受变更影响的当期和未来期间确认会计估计变更的影响的证据）和该期间财务报表批准报出时能够取得的信息这两类信息与其他信息客观地加以区分。

在某些情况下，调整一个或者多个前期比较信息以获得与当期会计信息的可比性是不切实可行的。例如，企业因账簿、凭证超过法定保存期限而销毁，或因不可抗力而毁坏、遗失（如火灾、水灾等），或因人为因素（如盗窃、故意毁坏等），可能使当期期初确定会计政策变更对以前各期累积影响数无法计算，即不切实可行，此时，会计政策变更应当采用未来适用法进行处理。

（四）会计政策变更的披露

企业应当在附注中披露与会计政策变更有关的下列信息。

第一，会计政策变更的性质、内容和原因：包括对会计政策变更的简要阐述、变更的日期、变更前采用的会计政策和变更后所采用的新会计政策，以及会计政策变更的原因。

第二，当期和各个列报前期财务报表中受影响的项目名称和调整金额，包括采用追溯调整法时，计算出的会计政策变更的累积影响数；当期和各个列报前期财务报表中需要调整的净损益及其影响金额，以及其他需要调整的项目名称和调整金额。

第三，无法进行追溯调整的，说明该事实和原因以及开始应用变更后的会计政策的时点、具体应用情况包括无法进行追溯调整的事实，确定会计政策变更对列报前期影响数不切实可行的原因，在当期期初确定会计政策变更对以前各期累积影响数不切实可行的原因，开始应用新会计政策的时点和具体应用情况。

需要注意的是，在以后期间的财务报表中，不需要重复披露在以前期间的附注中已披露的会计政策变更的信息。

二、会计估计及其变更

（一）会计估计概述

会计估计，是指企业对结果不确定的交易或者事项以最近可利用的信息为基础所作的判断。会计估计具有如下特点。

第一，会计估计存在受经济活动中内在的不确定性因素的影响。在会计核算中，企业总是力求保持会计核算的准确性，但有些经济业务本身具有不确定性。如坏账、固定资产折旧年限、固定资产残余价值、无形资产摊销年限等，因而需要根据经验作出估计。可以说，在进行会计核算和相关信息披露的过程中，会计估计是不可避免的。

第二，进行会计估计时，往往以最近可利用的信息或资料为基础。由于最新的信息是最接近目标的信息，以其为基础所作的估计最接近实际，所以进行会计估计时，应以最近可利用的信息或资料为基础。

第三，进行会计估计并不会削弱会计确认和计量的可靠性。企业应当披露重要的会计估计，不具有重要性的会计估计可以不披露。判断会计估计是否重要，应当考虑与会计估计相关项目的性质和金额。

（二）会计估计变更

会计估计变更，是指由于资产和负债的当前状况及预期经济利益和义务发生了变化，从而对资产或负债的账面价值或者资产的定期消耗金额进行调整。

会计估计变更的情形包括以下几个方面。

1. 赖以进行估计的基础发生了变化

企业进行会计估计，总是依赖于一定的基础。如果其所依赖的基础发生了变化，则会计估计也应相应发生变化。例如，企业的某项无形资产摊销年限原定为 10 年，以后发生的情况表明，该资产的受益年限已不足 10 年，相应调减摊销年限。

2. 取得了新的信息、积累了更多的经验

企业进行会计估计是就现有的资料对未来所做的判断，随着时间的推移，企业有可能取得新的信息、积累更多的经验，在这种情况下，也需要对会计估计重新修订。

会计估计变更，并不意味着以前期间会计估计是错误的，只是由于情况发生变化，或者掌握了新的信息，积累了更多的经验，使得变更会计估计能够更好地反映企业的财务状况和经营成果。如果以前期间的会计估计是错误的，则属于会计差错，按会计差错更正的会计处理办法进行处理。

（三）会计估计变更的会计处理

企业发生会计估计变更会带来两个问题：一是如何在账面上记录会计估计变更的影响；二是如何在比较财务报表上报告会计估计变更。

企业对会计估计变更的会计处理，应当采用未来适用法。即在会计估计变更当期及以后期间，采用新的会计估计，不改变以前期间的会计估计，也不调整以前期间的报告结果。

会计估计变更的影响数应计入变更当期与前期相同的项目中。为了保证不同期间的财务报表具有可比性，如果以前期间的会计估计变更的影响数计入企业日常经营活动损益，则以后期间也应计入日常经营活动损益；如果以前期间的会计估计变更的影响数计入特殊项目中，则以后期间也应计入特殊项目。

会计估计变更仅影响变更当期的，其影响数应当在变更当期予以确认。例如，企业原对应收账款按其余额的5%计提坏账准备，由于企业不能收回的应收账款比例已达15%，则企业改按15%的比例提取坏账准备。会计估计变更既影响变更当期又影响未来期间的，其影响数应当在变更当期和未来期间予以确认。例如，应计提折旧的固定资产，其有效使用年限或预计净残值的估计发生的变更，常常影响变更当期资产以后使用年限内各个期间的折旧估计变更。

（四）会计估计变更的披露

企业应当在附注中披露与会计估计变更有关的下列信息。

第一，会计估计变更的内容和原因。包括变更的内容、变更日期，以及为什么要对会计估计进行变更。

第二，会计估计变更对当期和未来期间的影响数。包括会计估计变更对当期和未来期间损益的影响金额，以及对其他各项目的影响金额。

第三，会计估计变更的影响数不能确定的理由。会计估计变更的影响数不能确定的，披露这一事实和原因。

三、前期差错更正

（一）前期差错概述

日常会计核算中，可能由于种种原因导致会计差错的产生。属于本期的会计差错在发现时就应按照相关规定处理，不需要调整已经对外呈报的会计信息，需要进行会计调整的是本期发现的属于前期的会计差错。

前期差错，是指由于没有运用或错误运用下列两种信息，而对前期财务报表造成省略或错报：一是报前期财务报表时预期能够取得并加以考虑的可靠信息；二是前期财务报告批准报出时能够取得的可靠信息。

前期差错通常包括计算错误、应用会计政策错误、疏忽或曲解事实以及舞弊产生的影响，以及存货、固定资产盘盈等。

没有运用或错误运用上述两种信息而形成前期差错的情形主要有：

第一，计算以及账户分类错误。例如，企业购入的5年期国债，意图长期持有，但在记账时记入了交易性金融资产，导致账户分类上的错误，并导致在资产负债表上流动资产和非流动资产的分类也有误。

第二，采用法律、行政法规或者国家统一的会计制度等不允许的会计政策。例如，按照《企业会计准则第 17 号——借款费用》的规定，为购建固定资产的专门借款而发生的借款费用，满足一定条件的，在固定资产达到预定可使用状态前发生的，应予资本化，计入所购建固定资产的成本；在固定资产达到预定可使用状态后发生的，计入当期损益。如果企业固定资产已达到预定可使用状态后发生的借款费用，也计入该项固定资产的价值，予以资本化，则属于采用法律或会计准则等行政法规、规章所不允许的会计政策。

第三，对事实的疏忽或曲解以及舞弊。例如，企业对某项建造合同应按建造合同规定的方法确认营业收入，但该企业却按确认商品销售收入的原则确认收入。

第四，在期末对应计项目与递延项目未予调整。如企业应在本期摊销的费用在期末未予摊销。

第五，漏记已完成的交易。例如，企业销售一批商品，商品已经发出，开出增值税专用发票，商品销售收入确认条件均已满足，但企业在期末未将已实现的销售收入入账。

第六，提前确认尚未实现的收入或不确认已实现的收入。例如，在采用委托代销商品的销售方式下，应在收到代销单位的代销清单时确认商品销售收入的实现，如企业在发出委托代销商品时即确认为收入，则为提前确认尚未实现的收入。

第七，资本性支出与收益性支出划分差错等。例如，企业发生的管理人员的工资一般作为收益性支出，而发生的在建工程人员工资一般作为资本性支出。如果企业将发生的在建工程人员工资计入了当期损益，则属于资本性支出与收益性支出的划分差错。

需要注意的是，会计估计本身就是近似值，随着经济环境的变化或者更多信息的获得，会计估计需要修正，由此而发生的会计估计变更不属于前期差错。

（二）前期差错更正的会计处理

前期差错根据重要性分为两类：重要的前期差错和不重要的前期差错。重要的前期差错，是指足以影响财务报表使用者对企业财务状况、经营成果和现金流量做出正确判断的前期差错。不重要的前期差错，是指不足以影响财务报表使用者对企业财务状况、经营成果和现金流量做出正确判断的前期差错。

前期差错的重要性取决于在相关环境下对遗漏或错误表述的规模和性质的判断。前期差错所影响的财务报表项目的金额或性质，是判断该前期差错是否具有重要性的决定性因素。一般来说，前期差错所影响的财务报表项目的金额越大、性质越严重，其重要性水平越高。

企业对于重要的前期差错应采用追溯重述法更正，但确定前期差错累积影响数不切实可行的除外；对于不重要的前期差错应视同发现当期差错进行调整更正；对于在资产负债表日至财务报告批准报出日之间发现的、属于报告年度或以前存在的财务报表的差错，不论属于重要的差错还是非重要的差错，均应按照《企业会计准则第 29 号——资产负债表日后事项》的规定进行处理。

1. 不重要的前期差错的会计处理

对于不重要的前期差错，企业应视为当期发生的差错进行更正，不需调整财务报表相关项目的期初数，但应调整发现当期与前期相同的相关项目。属于影响损益的，应直接计入本期与前期相同的净损益项目；属于不影响损益的，应调整本期与前期相同的相关项目。

2. 重要的前期差错的会计处理

企业对于重要的前期差错应采用追溯重述法更正，但确定前期差错累积影响数不切实可行的除外；追溯重述法，是指在发现前期差错时，视同该项差错从未发生过，从而对财务报表相关项目进行更正的方法。

对于重要的前期差错，企业应当在其发现当期的财务报表中，调整前期比较数据。具体地说，企业应当在重要的前期差错发现当期的财务报表中，通过下述处理对其进行追溯更正：一是追溯重述差错发生期间列报的前期比较金额；二是如果前期差错发生在列报的最早前期之前，则追溯重述列报的最早前期的资产、负债和所有者权益相关项目的期初余额。

对于发生的重要的前期差错，如影响损益，应将其对损益的影响数调整发现当期的期初留存收益，财务报表其他相关项目的期初数也应一并调整；如不影响损益，应调整财务报表相关项目的期初数。

追溯重述法的会计处理与追溯调整法相同，需要计算累积影响数。如果无法确定前期差错的累积影响数，可以从可追溯重述的最早期间开始调整留存收益的期初余额，财务报表其他相关项目的期初余额也应一并调整。

（三）前期差错更正的披露

企业应当在附注中披露与前期差错更正有关的下列信息：第一，前期差错的性质；第二，各个列报前期财务报表中受影响的项目名称和更正金额；第三，无法进行追溯重述的，说明该事实和原因以及对前期差错开始进行更正的时点、具体更正情况。

在以后期间的财务报表中，不需要重复披露在以前期间的附注中已披露的前期差错中更正的信息。

四、资产负债日后事项

（一）资产负债表日后事项概述

1. 资产负债表日后事项的定义

资产负债表日后事项，是指资产负债表日至财务报告批准报出日之间发生的有利或不利事项。

资产负债表日是指会计年度末和会计中期期末。我国会计年度采用公历年度，因此在我国年度资产负债表日是指公历 12 月 31 日；会计中期指短于一个完整的会计年度的报告期间，通常包括半年度、季度和月度等，中期资产负债表日指各会计中期期末，相应地指公历半年末、季末和月末等。若母公司或子公司在国外，无论其如何确定会计年度和会计中期，在向我国国内提供的财务报告都应该根据《中华人民共和国会计法》和会计准则的要求确定资产负债表日。

财务报告批准报出日，是指董事会或类似机构批准财务报告报出的日期，通常是指对财务报告的内容负有法律责任的单位或个人批准财务报告向企业外部公布的日期。董事会或类似机构批准财务报告可以对外公布的日期至实际对外公布的日期之间发生的事项，也属于资产负债表日后事项，由此影响财务报告对外公布日期的，以董事会或类似机构再次批准财务报告对外公布的日期为准。

有利或不利事项，是指资产负债表日至财务报告批准报出日期间发生的对企业财务状况和经营成果有一定影响（包括有利影响和不利影响）的事项。如果该期间发生的某些事项对企业财务状况和经营成果“有利”或者“不利”，那么不管该事项是否需要在财务报告中披露，都属于资产负债表日后事项；反之，如果某事项在资产负债表日至财务报告批准报出日期间发生，但对企业无任何影响，那就不属于资产负债表日后事项。

2. 资产负债表日后事项涵盖的期间

资产负债表日后事项涵盖的期间，是指自资产负债表日次日起至财务报告批准报出日止的一段时间。对上市公司而言，这一期间内涉及几个日期，包括完成财务报告制日、注册会计师出具审计报告日、董事会批准财务报告可以对外公布日、实际对外公布日等。具体而言，资产负债表日后事项涵盖的期间应当包括：

（1）报告年度次年的 1 月 1 日或报告期间下一期第一天，至董事会或类似机构批准财务报告对外公布的日期，即以董事会或类似机构批准财务报告对外公布的日期为截止日期。

（2）董事会或类似机构批准财务报告对外公布的日期，与实际对外公布日之间发生的与资产负债表日后事项有关的事项，由此影响财务报告对外公布日期的，应以董事会或类似机构再次批准财务报告对外公布的日期为截止日期。

如果公司管理层由此修改了财务报表，注册会计师应当根据具体情况实施必要的审计程序，并针对修改后的财务报表出具新的审计报告。

3. 资产负债表日后事项的内容

资产负债表日后事项包括资产负债表日后调整事项（以下简称调整事项）和资产负债表日后非调整事项（以下简称非调整事项）两类。

（1）调整事项。

资产负债表日后调整事项，是指对资产负债表日已经存在的情况提供了新的或进一步证据的事项。

如果资产负债表日及所属会计期间已经存在某种情况，但当时并不知道其存在或者不能知道确切结果，资产负债表日后发生的事项能够证实该情况的存在或者确切结果，则该事项属于资产负债表日后事项中的调整事项。调整事项能对资产负债表日的存在情况提供追加的证据，并会影响编制财务报表过程中的内在估计。

企业发生的资产负债表日后调整事项，通常包括以下几项。

第一，资产负债表日后诉讼案件结案，法院判决证实了企业在资产负债表日已经存在现时义务，需要调整原先确认的与该诉讼案件相关的预计负债，或确认一项新负债。

第二，资产负债表日后取得确凿证据，表明某项资产在资产负债表日发生了减值或者需要调整该项资产原先确认的减值金额。

第三，资产负债表日后进一步确定了资产负债表日前购入资产的成本或售出资产的收入。

第四，资产负债表日后发现了财务报表舞弊或差错。

（2）非调整事项。

资产负债表日后非调整事项，是指表明资产负债表日后发生的情况的事项。非调整事项的发生不影响资产负债表日企业的财务报表数字，只说明资产负债表日后发生了某些情况。对于财务报告使用者来说，非调整事项说明的情况有的重要，有的不重要；其中重要的非调整事项虽然与资产负债表日的财务报表数字无关，但可能影响资产负债表日以后的财务状况和经营成果，故准则要求适当披露。

资产负债表日后非调整事项，主要包括：

第一，资产负债表日后发生重大诉讼、仲裁、承诺。

第二，资产负债表日后资产价格、税收政策外汇汇率发生重大变化。

第三，资产负债表日后因自然灾害导致资产发生重大损失。

第四，资产负债表日后发行股票和债券以及其他巨额举债。

第五，资产负债表日后资本公积转增资本。

第六，资产负债表日后发生巨额亏损。

第七，资产负债表日后发生企业合并或处置子公司。

第八，资产负债表日后，企业利润分配方案中拟分配的以及经审议批准宣告发放的股利或利润。

（3）调整事项与非调整事项的区别。

如何确定资产负债表日后发生的某一事项是调整事项还是非调整事项，是运用资产负债表日后事项准则的关键。某一事项究竟是调整事项还是非调整事项，取决于该事项表明的情况在资产负债表日或资产负债表日以前是否已经存在。若该情况在资产负债表日或之前已经存在，则属于调整事项；反之，则属于非调整事项。

（二）资产负债表日后调整事项

企业发生资产负债表日后调整事项，应当调整资产负债表日已编制的财务报表。对于年度财务报告而言，由于资产负债表日后事项发生在报告年度的次年，报告年度的有关账目已经结转，特别是损益类科目在结账后已无余额。因此，年度资产负债表日后发生的调整事项，应分别按以下情况进行处理。

第一，涉及损益的事项，通过“以前年度损益调整”科目核算。调整增加以前年度利润或调整减少以前年度亏损的事项，记入“以前年度损益调整”科目的贷方；调整减少以前年度利润或调整增加以前年度亏损的事项，记入“以前年度损益调整”科目的借方。调整完成后，将“以前年度损益调整”科目的贷方或借方余额，转入“利润分配—未分配利润”科目。

需要注意的是，涉及损益的调整事项如果发生在资产负债表日所属年度（即报告年度）所得税汇算清缴前的，应按准则要求调整报告年度应纳税所得额、应纳所得税税额；发生在报告年度所得税汇算清缴后的，应按准则要求调整本年度（即报告年度的次年）应纳所得税税额。

第二，涉及利润分配调整的事项，直接在“利润分配—未分配利润”科目中核算。

第三，不涉及损益以及利润分配的事项，调整相关科目。

第四，通过上述账务处理后，还应同时调整财务报表相关项目的数字，包括：资产负债表日编制的财务报表相关项目的期末数或本年发生数；当期编制的财务报表相关项目的期初数或上年数；经过上述调整后，如果涉及报表附注内容的，还应当调整报表附注相关项目的数字。

（三）资产负债表日后非调整事项的会计处理

非调整事项的发生，与资产负债表日存在状况无关，不影响资产负债表日企业的财务报表数字，只说明资产负债表日后发生了某些情况，因此不应当调整资产负债表日的财务报表。但对财务报告使用者来说，有的非调整事项具有重大影响，如不加以说明，将不利于财务报告使用者做出正确估计和决策，因此，按准则规定应在附注中加以披露。

第四章 会计信息化及其体系建设探究

第一节 会计信息化的基本知识

会计信息化就是信息技术和会计信息系统[①]融合的过程，即以计算机及网络通信技术为手段，运用会计信息处理软件对与企事业单位有关的会计信息资源进行深度开发和广泛利用，以向利益相关者提供多方位信息服务的过程。会计信息化程度主要反映在所使用的技术手段上，取决于经济业务和技术的发展，经济业务的发展导致新的业务形式和业务信息需求的变化；技术（信息技术和管理技术）的发展带来了会计目标和相应会计思想的变革。

一、会计信息化的特征

（一）开放性

会计信息系统实时地处理随时被录入的各相关业务数据，并根据要求输出不同的报告，这决定了会计信息化的开放性。

（二）互动性

会计信息系统具备数据录入、整理、分析、储存、报告等系统的一般流程，同时建立了与人进行多向多位信息交流的方式。其互动性主要体现在以下两个方面。

第一，不同的业务人员向单位同一数据库录入数据信息，系统自动转化成会计信息，不同的信息使用人输入自己不同的需求参数可以使系统输出不同要求的信息报告，获得自

---

① 会计信息系统就是通过一定的技术手段，以一定的处理模式对各种相关的会计数据进行收集、加工处理、存储、整理分析，并根据具体要求输出不同形式会计信息的系统。

己所需要的信息。

第二，信息使用人可以通过对系统的数据处理流程加以调整和改进，来满足特定的信息需求。

通过会计信息系统的互动功能，系统和信息使用人同时成为信息的提供者和使用者。

（三）渐进性

会计信息化的渐进性主要表现在以下几个方面。

第一，从发展历程来讲，会计信息化经历的会计核算、会计管理、会计业务一体化、全面网络会计等发展阶段可以看出会计信息化是逐步递进的一个过程。

第二，从技术上讲，从 1946 年世界上第一台计算机诞生时只是简单的数值计算，到今天可以运用计算机技术从事航天、军事等复杂问题的研究，这种进步是渐进性的。

第三，从会计信息系统的角度讲，按系统论的观点，系统是一个有着特定功能的有机整体，这种功能的完善是一个漫长的过程。

（四）动态性

会计信息化的动态性主要表现在以下几个方面。

第一，从会计信息系统角度讲，随着经济及计算机通信技术的发展，会计信息系统在会计核算、会计管理、会计业务一体化、全面网络会计各阶段间，从低到高逐步进化完善。

第二，从会计数据角度讲，无论是单位内部的数据还是单位外部的数据，无论什么时间什么地点，一旦发生，都将实时进入会计信息系统中进行分类、计算、更新、汇总、分析等一系列处理操作。

（五）集成性

信息集成的目的是信息共享。具体来说，会计信息化的集成性特点主要表现在以下几个方面。

首先，同一个时间点上，集成具有三个层面的信息。

第一，在会计部门内部实现会计信息和业务信息的一体化集成，即实现会计账簿各分系统之间的信息集成。第二，在企事业单位内部实现会计信息和业务信息的集成，在两者之间实现无缝连接，真正融合在一起。第三，建立企事业单位与外部利益相关人的信息集成。

其次，在时间链上集成与企事业单位相关的历史、目前、未来的所有信息。

最后，统一业务的多重反映。比如，固定资产折旧的计算，现行会计制度规定可以在历史成本的基础上选定一种方法，现在可以选择多种方法同时计算，作为决策的参照。

二、会计信息化的基本环节

（一）会计数据源、数据采集与数据输入

1. 会计数据源

会计数据源分布是一种客观存在，是数据长期运动的结果。会计数据源的分布及其变化的规律性是会计数据源研究的主要内容。根据不同的标准，可以将会计数据源分为不同的类型。

（1）以企业组织边界为界限进行分类。以企业组织边界为界限可以将会计数据源分为内部数据源和外部数据源。内部数据来自企业组织内部，一般比较可靠。外部数据是从其他地方收集或买来的，核心问题是其正确性。

（2）按照时间标准进行分类。按照时间标准，可以将会计数据源分为一次数据源和二次数据源。一次数据源是由现场直接采集的数据。二次数据源是各种文件和数据库中存储的数据。

（3）根据数据运动的形式进行分类。根据数据运动的形式，可以将数据源分为静态数据源和动态数据源。静态数据源是指那些具有相对稳定性的数据。动态数据源是指那些反映生产经营活动中的实际进程和状态的数据。

2. 会计数据采集

一旦确定了会计数据源的格局后，这时的工作重点就转移到会计数据的采集方面了。选择是数据采集的核心。这就要求数据采集人员应做到以下几个方面。

第一，要摸清用户的主要信息需求。

第二，要选准能够满足用户主要信息需求的核心资源。

第三，在数据采集活动中，还要保证数据的及时性、准确性、适用性和经济性。

3. 会计数据输入

会计信息系统所处理的数据均来自既定企业组织的交易或事项。在传统会计信息系统中，主要依赖人获取或接收各种经营事项或交易所产生的数据。

而在会计信息化的过程中，交易或事项数据的输入可以采用非联机输入或联机输入的方式，或者是两者兼用。非联机输入是指先由一些直接与计算机系统相连接的设备以非在线的形式执行交易或事项数据的初始输入，联机输入是指通过与计算机系统直接连线的设备执行交易或事项数据的输入。如果交易或事项数据是分批地发生与进行，非联机输入方式具有如下优点：第一，单项交易或事项数据的输入成本相对较低，因而可节省计算机资源的耗费。第二，由于由专业职员执行整批输入作业，输入的作业效率相对较高。

联机输入的优点则在于：第一，输入数据的时效性强，且简单、灵活。第二，在交易或事项发生时将数据输入计算机系统，更新有关文档资料，有助于为经营决策提供及时的信息。第三，由业务执行者直接输入数据，可在输入时立即发现原始凭证中的任何差错，减少错误数据对系统的影响。

（二）会计数据的处理

会计数据处理是指把收集来的原始数据进行加工使之成为二次信息的活动，是会计信息化过程中不可缺少的环节。如果没有这一步，数据永远也只能是数据，采集的数据再多也是无用的。

1. 会计数据处理中常用的概念

会计数据处理中最常用的概念是定期处理和实时处理。定期处理是将送来的数据存起来达到一定数量或时间后，再集中进行批处理。实时处理是将送来的数据立即进行处理，即时作出响应。这两种方式用在不同的场合，但从长远来看，会计数据处理正从定期处理方式向实时处理方式发展。

2. 会计数据处理的操作

从数据产生信息的过程有时比较简单，有时比较复杂。但是不管如何，都可以分解为以下一些操作。

（1）对收集到的会计数据进行检验。会计数据检验就是检查所记录的数据是否正确。可以是人工检验，也可用计算机检验。

（2）会计数据分类。会计数据分类是将会计数据按使用目的进行分类，使它具有一定的意义。会计数据排序是会计数据分类的最典型的做法。

（3）会计数据汇总。会计数据汇总包括在数字上加以累计，或在逻辑上加以简化。

（三）会计信息的存储

会计信息存储是将信息保存起来，以备将来应用。会计信息存储包括物理存储和逻辑组织两个方面。也就是说，会计信息存储不仅强调存储设备，更强调存储的思路。

在传统的会计信息系统中，企业组织经营活动中交易或事项所产生的处理结果主要是各种凭证、账册和报表，并且以书面的原始凭证、记账凭证、会计账簿与财务会计报告等作为信息存储和输出的载体。

在会计信息化过程中，尽管原始凭证、记账凭证、账簿和报表仍然存在，但它们将主要由计算机系统编制和打印输出，因而以不可见形式存储于磁性媒体或光性媒体之中。会计信息存储方式从“只读寄存”向“随机寄存”的这种变革，其优越性是无与伦比的。

（四）会计信息的输出

经过既定应用程序的处理，会计信息系统将根据使用者的不同需要产生多样化的输出，无论是在内容上，还是在形式上。会计信息化环境下，会计信息的集成度（包括会计部门内的集成、企业组织内的集成、企业组织之间的集成三种形式）更高，输出和传输的面更广，传输的速度更快，因而会计信息的受益者就更多，获取会计信息也就更加及时和便捷。

三、会计信息化的环境

（一）会计信息化的总体环境

会计信息化在企业组织乃至社会信息化过程中，有着极其重要的作用。社会的信息化发展水平构成了会计信息化应用的总体环境，会计信息化既不能落后于社会信息化的发展，同时，也不能超越社会信息化的发展阶段，否则，会造成企业组织信息处理和传递方面的障碍。

1. 电子商务的兴起对会计信息化的影响

一般认为，电子商务是指利用网络技术，实现网上信息发布、网络广告、网上采购、网上结算、网上支付等一系列商务活动。电子商务的出现，客观上要求会计信息系统成为商务活动中的一环，网上购物、网上结算、网上支付等活动都离不开会计信息的处理，这也对传统会计信息系统带来影响，这主要表现在以下几个方面。

第一，会计信息系统应该成为整个信息化链条中的重要组成部分。会计信息化必须提供足够的标准化的接口，实现与企业内部和外部信息的交换和共享。

第二，会计信息化必须适应企业交易活动的电子化。在会计信息系统中，应该提供相应的功能，以实现对网上交易行为的支持。

第三，会计信息化的处理模式，也必须向实时处理、联机处理转变。

2. 企业组织管理结构的变迁对会计信息化的影响

随着市场环境的变化，传统的企业组织结构也在发生着积极的变化，越来越多的企业组织逐渐抛弃了传统的“金字塔”型的组织结构，呈现出扁平化的趋势。这就意味着企业内部中间层次的大量减少，部门和部门之间横向联系的增多。这种组织结构的变化，对会计信息化提出了新的要求。

第一，在传统的会计信息系统中，实际上是以对某一个具体操作环节的计算机化为主要实现方式，以提高处理效率为目标的。它并没有改变传统的会计核算的流程和处理方式。现在我们所看到的绝大多数财务软件实际上仍然是手工处理过程的计算机化。会计信息化将从根本上改变这些弊端。从数据源的角度来看，数据的来源将更为广泛，除了来自企业组织内部的业务信息之外，还有通过网络获取的企业外部信息。对于原始数据的采集和记录将更多地采用电子化和无纸化的手段来获取。采集到的信息将统一地存放于中央数据库中，这样可以有效地消除数据冗余，提高数据存储的一致性。

第二，从数据处理的过程来看，大量的中间工作将完全被计算机所取代。人们更多地将注意力集中在会计报告上。同时，会计报告的内容、形式、时效等都将发生明显的变化。

第三，从处理的规则来看，将进一步多样化。对于原始数据的加工和处理，将按照不同的信息使用者的需求来进行，用户可以轻松地获取自己所需的数据和信息。用户也可以从多个角度来分析和观察数据。

第四，从会计信息的使用者来看，会计信息借助于网络，能够被更多的用户，以更快捷的方式获取，能够更好地满足不同层次的信息使用者的需求。

3. 企业面临的外部环境的变化对会计信息化的影响

近年来，电子政务、电子税收、电子公务等多种网络形式的出现，客观上要求会计信息系统做出相应的调整。会计信息系统是整个企业管理信息系统中重要的组成部分，会计信息化应能够向企业管理信息系统提供相关的数据。同时，这些外部环境的变化，也带来了相关法律、法规的转变。

（二）会计信息化的硬件环境

会计信息化的硬件环境主要是指以网络为硬件平台的运行环境。从目前的应用情况看，会计信息化运行的硬件环境可以划分为以下三种情况。

1. 单机环境

单机环境是会计信息化运行环境中最为简单的一种形式，由一台或多台互不连接的计算机设备构成支持财务软件运行的硬件基础。在这种情况下，会计信息化只能完成简单的会计核算任务，数据共享程度差，单机环境仅仅是用于规模较小、数据关系简单的企业组织使用，它完成的也仅仅是有关核算方面的任务。

2. 局域网环境

网络的优势逐渐被企业组织所了解。利用计算机网络，一方面，可以共享组织内部的软件和硬件资源，共享信息和数据，有效提高信息的传输效率和准确性；另一方面，利用网络，可以为企业组织结构、业务流程重组，为建立适应现代化企业标准提供技术支持。简单来讲，按照网络中计算机之间的物理距离和网络提供的通信和服务，可将计算机分成局域网和广域网两大类。局域网是指将地理位置较近的计算机和设备连接而成的网络，通信距离通常限于1~20千米范围内。它能借助于具有中高速数据传输率的物理通信信道实现可靠通信。广域网又称远程网，一般是跨地区甚至延伸到整个国家和全世界的计算机网络。几个不同地域的局域网相互连接起来就构成了一个广域网。

在局域网环境下，借助于网络的力量，企业组织可以实现业务和财务处理的协同。通过覆盖本地企业各个部门的局域网，将企业组织的信息组织成一个有机的整体，在完成业务数据记录和采集的同时，实现财务数据的同步处理，从而提高了数据处理的效率。在这种模式下，会计信息化不仅表现为计算工具的改变，而且可以根据企业组织自身的特点。重新规划和设计业务处理流程，设置人员岗位和职责。会计信息化的处理内容可以借助于计算机网络来实现管理和控制，企业组织内部的信息共享程度将大大提高。

3. 互联网环境

国际互联网（Internet）是世界上最大的计算机网络，它实际上是无数互连的网络的集合。互联网将数据由一台主机传送给另一台计算机，如果接收数据的计算机处于和主机同一个网络中，数据可以直接送达。如果接收数据的计算机不和主机在同一个网络，则需要通过其他的计算机进行转发。互联网采用的连接方式是网状的，两个计算机之间的通信可以有多条通路，因此，在转发过程中，需要“路由器”来完成发送路径的选择和解决网络拥塞问题。数据传输时，将传输的数据划分成若干个小的数据包，每个数据包中都包含有发送方和接收方的地址信息。每个数据包独立地在网络之中传输，属于某一组信息的数据包可与其他的数据包结合，通过不同的路径传播，在到达目的地后再重新组合成原信息。这种方法使通信设备得以充分利用，并提高了用户的共享程度，有利于成本的降低。

基于互联网的会计信息化，可以实现远程的数据共享，从而可以把跨地区的不同组织或同一组织中跨地区的不同部门联系在一起。一方面，会计信息化可以从更大的范围内、筛选所需的数据，更好地为管理和决策服务；另一方面，会计信息化也可以借助于互联网，实现数据的远程控制能力，提升企业组织管理水平。

（三）会计信息化的软件环境

会计信息化的软件环境由系统软件、数据库管理系统（DBMS）和财务软件三个部分组成。他们共同构造会计软件运行所需的软件环境。其中，数据库管理系统的选择和应用是会计信息化软件环境的重点和核心。下面将主要对其进行阐述。

数据库是一个综合性的数据集合，并由多个程序共享和使用，因此，需要引入一个数据库管理系统（DBMS）对数据进行统一的控制。实际上，DBMS 由一组程序组成，这些程序执行数据库的实际操作，并提供数据库与用户或用户与应用程序之间的接口。数据库、数据库管理系统与多个利用数据库中数据的应用程序就构成了数据库环境。

1. 数据库管理系统的功能

数据库管理系统的功能主要包括以下几个方面。

第一，数据库定义功能，定义数据结构和数据的逻辑表示。

第二，数据存取功能，通过数据操作语言，实现对数据库中数据的基本操作：检索、插入、删除和修改。

第三，创建及修改数据库。

第四，提供用户视图和报表生成。

第五，数据库的运行管理。这是 DBMS 的核心，包括并发控制、安全性控制、完整性约束条件的检查和执行、数据库内部的维护等。

2. 关系型数据库管理系统

DBMS 按照其创建和管理逻辑数据结构能力的不同，可分为层次型数据库、网络型数据库和关系型数据库。关系型数据库技术是目前使用较为广泛的数据库管理系统，特别是在财务软件中，关系型数据库能够满足财务数据中较为复杂的逻辑，关系型数据库将数据存放在由行和列组成的二维表中，表的每一行称为一个元组，表的每一列称为属性，每个属性都有一个所允许的取值范围，称为域。在关系型数据库中，简化了数据的结构，组织简单，易于维护，用户可以创建自己的特殊的关系和逻辑结构，修改数据库时，也不必对应用程序进行修改。关系型数据库的缺点是计算要求高。若记录超过 1 000 万条的时候，层次型或网状结构的数据库执行的效率较高。

3. 数据库系统体系结构的发展

数据库系统的体系结构是指带有数据库的计算机系统中各组成部件之间的相互关系，数据库系统的体系结构经历了以下三种发展形式（表 4-1）。

表 4-1 数据库系统体系结构的三种发展形式

形式	具体阐述
主机/终端结构	20 世纪 80 年代中期以前，由于受计算机硬件性能的制约，主机/终端结构一直是数据库系统所支持的主要的应用模式，它将除用户界面以外的数据库应用系统所有的其他部分都放在主机一端，终端只提供对数据的简单显示功能，所有的数据处理工作都放在主机中完成。主机系统是一种集中式处理和管理的系统主机，系统对于资源的管理效率较高，但缺乏灵活性，不能满足信息量的迅速增大
文件/服务器结构	随着计算机硬件性能的提高和局域网的发展，产生了文件/服务器结构体系。在服务器上网络操作系统以文件的形式对共享数据进行管理，对共享数据的其他操作由工作站完成。这种结构的缺点是：在工作站上，容易造成数据的不一致，网络负荷较重
客户/服务器结构	在这种结构中，将任务的执行分配在两台或多台计算机之间进行，客户机运行前端的用户接口和应用程序，服务器端提供客户机运行所需的各种资源。从软件结构看，客户/服务器结构是把应用或系统按逻辑功能划分成客户软件部分和服务器软件部分。客户软件负责数据的表示和应用，接受用户请求并转换为服务器的请求。客户/服务器数据库结构的优点可综合为以下两点。 第一，具有较高的性能。由于客户端和服务器端划分了数据处理的任务，降低了工作站和服务器的负载，提高了数据库系统的处理能力。 第二，具有较高的开放性。客户/服务器开放性的基础在于客户/服务器结构的数据库系统在数据连接等方面遵循相应的标准。这些标准包括：网络协议（TCP/IP）、开放数据库万联的接口标准（ODBC）、数据库语言标准等

4. 数据库管理系统的选择

数据库管理系统可分为个人数据库（小型数据库）系统和大型数据库系统，两者之间在数据的存储量、数据库的运行管理等方面存在较大差别。就财务软件使用的数据库管理系统而言，随着系统规模的不断扩大，小型数据库管理系统已不能很好地满足企业组织的信息要求，因此，会计软件使用的数据库正处于小型数据库向大型数据库过渡的阶段。大型数据库数据存储容量大，能够较好地支持网络化的运行环境，但大型数据库的操作和管理难度较大，技术含量高，购买成本也较高。小型数据库相对来说，数据容量小，数据处理能力也较弱，在数据安全方面也存在一些隐患，但易于掌握、易于管理、投资成本也较小，对小型用户是比较适用的。

四、会计信息化的基本内容

（一）建立面向决策的网络化、无纸化、实时性的会计信息系统

近期内，我国会计核算的信息化，重点将是可扩展商业报告语言（XBRL）的引进与应用，同时，解决我国众多软件长期以来存在的数据接口标准不统一、不规范的问题，为计算机审计的深入开展打好基础。借助于信息技术规范会计核算子系统的数据源，也是近期内必须解决的问题。记账凭证的输入与生成的正确性如何，直接关系到会计核算的信息化水平。逐步使软件自动根据原始凭证生成记账凭证，最终使所有的记账凭证全部由软件自动生成，是会计核算信息化的当务之急。未来一段时期会计信息化的任务是，进一步提高财务会计子系统的会计准则与会计制度遵行性。在此基础上，探讨如何使财务会计子系统最大限度地提供多元化信息的输出问题。

（二）优化财务会计软件功能，保证其信息输出的可靠性与安全性

以货币为基础所产生的会计信息，在提供企业经营决策支持中占有举足轻重的地位。企业信息化程度的高低和质量的优劣，很大程度上取决于会计信息化的进展情况。但随着网络技术的深入应用，随着电子商务、电子政务的快速发展，会计信息化有其更深的内涵和更广阔的外延。

在会计实际应用方面，会计既然有财务会计与管理会计之分，会计信息化也就包括了财务会计信息化与管理会计信息化。因此，深入细致地研究网络条件下财务会计与管理会计之间的数据联系，是进一步搞好会计信息化的关键。

从技术层面上看，网络技术、事件驱动技术、数据仓库（DW）、数据挖掘（DM）、联机分析处理（OLAP）等先进的信息技术，将可能改变会计格局，促使会计信息增值。同时，积极采用最新安全技术以保证会计信息的可靠与完整，将是今后会计信息化的重要内容。而开发支持企业经营决策的智能化管理（会计）软件，也将是未来信息技术应用研

究的重点。

（三）强化会计控制系统和审计系统的功能

信息技术应用于会计领域之后，其系统控制的功能只能加强而不能削弱，这是因为，信息化会计系统是一个人机系统，其控制要涉及人、计算机硬件和计算机软件等诸多方面，特别是网络技术的应用，给会计信息的安全可靠性带来很多隐患。因此，下大力气研究会计控制系统也就显得至关重要。目前，我国审计系统的开发与应用已经逐步展开，但因为步伐不快，所以在一定程度上制约了会计信息化的发展。因此，针对日臻完善的财务会计系统研制审计系统，是当前我国会计信息化的重要内容。

第二节　会计信息化的组织与管理

一、会计信息化工作的规划与组织

（一）系统运行前的筹备阶段

1. 建立会计信息化组织策划机构

会计信息化的组织工作涉及单位内部的各个方面，需要单位的人力、物力、财力等多项资源，所以必须由单位“一把手”亲自抓。首要工作就是要成立会计信息化组织策划机构。该机构主要负责制定本单位会计信息化总体规划，组织会计信息系统的建立，制定会计信息化管理制度，组织本单位人员参加培训与学习，负责会计信息系统投入运行等。

2. 制定单位会计信息化总体规划

会计信息化的总体规划指确定单位会计信息化工作在一定时期内所要达到的目标，以及对怎样合理、有效、分阶段地实现这个目标进行规划。会计信息化总体规划是单位会计信息系统建设成败的关键。

制定总体规划应与企业的信息化战略目标相结合。首先，要进行会计信息系统建设的咨询和分析，如向同行、会计软件厂商、经销商或提供会计软件咨询服务的专业机构进行咨询；然后，根据企业的实际情况，明确单位需要什么样的会计信息系统、目前单位能提供什么样的条件、会计信息系统的建立划分为几个阶段、每一阶段的具体目标是什么等，使会计信息系统的建立和推广能够有序、顺利地进行。

3. 配置系统硬件、软件资源

会计信息系统的硬件配置必须具备可靠性、运算速度快、传输速度快、存储容量大、设备实用性强等特点。各单位可根据未来发展目标、经济实力和管理需要等因素确定计算机硬件设备购置计划，对硬件的档次、网络结构、外部设备等做出规定。

会计信息系统所需软件包括操作系统软件、数据库软件、会计软件以及其他工具软件。操作系统和数据库软件一般采用购买的方式，要综合考虑会计软件配套需要以及硬件配置的兼容许可。配备会计软件主要有购买通用会计软件、定点开发、购买通用会计软件与定点开发相结合三种方式。

4. 建立会计信息化管理制度

会计信息化工作的顺利进行需要有会计信息化管理制度做保障。会计信息系统运行管理制度包括：会计信息化岗位责任制，计算机硬件、软件和数据管理制度，会计信息化操作管理制度，会计信息化档案管理制度，等等。

5. 培训和配备各岗位人员

会计信息系统的运行和管理需要不同专业类型、不同层次的专业人员。各单位应根据系统目标和现有人员情况，制订专业人员的培训和配备计划，使人员配备和系统建设同步进行。

6. 准备初始化所需会计数据

系统初始化前，要将准备录入计算机的有关数据进行收集、整理和审核。准备工作包括：整理所有的手工单据、凭证、卡片、账簿、报表等，并核对无误；规范会计科目体系、凭证类别、账簿和报表的格式与内容，使其更符合会计信息化的工作特点；规范有关会计核算方法和各种凭证、账簿、报表的生成、传递和处理程序。

（二）系统运行阶段

1. 系统初始化设置

初始化工作是系统运行的第一步，需要进行建账的初始设置和基础数据的录入，将经过加工整理的会计资料输入计算机中。系统初始化设置主要包括人员岗位权限设置、会计核算所需各类基础档案设置、期初余额录入、会计核算方法选择等。初始化是整个会计信息化工作的基础。

2. 会计软件的试运行

会计信息系统正式使用前，必须与手工并行运行一段时间，以检验其是否达到预定目标及系统的合法性、安全性、可靠性等，这一阶段称为试运行阶段。在试运行阶段，一方面手工核算工作仍要继续；另一方面要把会计核算所需的当月数据输入计算机，操作计算机完成有关会计业务的处理，并输出所有总账、明细账、报表和有关核算中间结果。然后将计算机输出结果与手工账表数据进行比较分析，查找差异原因并进行纠正。

3. 系统正式投入运行

试运行成功，并符合国家或地方会计管理部门规定的要求后，会计信息系统即可投入正式运行。正式运行期间，应做好系统运行的各项安全管理和维护，抓好岗位责任制和操作管理制度的落实，做好数据的综合利用和电子档案管理。

4. 会计信息系统的发展与完善

计算机技术在不断发展，会计核算与管理方法也在不断变化，单位会计信息化管理部门要研究目前会计信息系统存在的问题，根据单位经营管理和业务发展需求不断提出系统改进和完善的建议，使会计信息系统更加适应单位会计核算、管理、分析、决策的需要。

二、会计信息化工作的管理

（一）宏观管理

财政部管理全国的会计信息化工作。地方各级财政部门管理本地区的会计信息化工作。财政部门管理会计信息化工作的基本任务是：研究制定会计信息化发展规划，并组织实施；制定会计信息化管理规章及专业标准、规范，并组织实施；评审会计核算软件，引导会计核算软件质量不断提高；会同有关部门管理会计软件市场；组织和管理会计信息化人才培训工作；总结、交流、推广会计信息化经验，指导基层单位开展会计信息化工作。

（二）微观管理

微观管理是指对本单位会计信息工作的管理。微观管理主要包括会计信息化岗位设置、会计信息化日常管理与维护和会计信息化档案管理等内容。

1. 会计信息化岗位设置

会计信息化工作中，各单位可根据财务会计工作内部牵制制度的要求与本单位实际工作需要，设立必要的信息化工作岗位。岗位设置有如下几个方面。

（1）财务总监。财务总监主要负责会计信息化领导工作，按照国家财政部门有关规定设计单位全面实施会计信息化的总体规划。

（2）财务部经理。财务部经理主要负责会计信息化工作的具体实施，制定会计信息化日常管理制度，建立本单位的会计信息化体系和核算方式。

（3）会计信息主管。会计信息主管主要负责协调计算机及会计软件系统的实施和日常运行工作，该岗位拥有系统中所有的操作功能，有权分配其他岗位的权限、设置期初数据、维护资料等。

（4）系统管理员。系统管理员负责会计软件系统各站点的正常运行，包括设置操作员及权限、建立账套、数据备份、数据恢复、数据自动修复、重建索引文件等。

（5）数据录入员。数据录入员负责录入会计数据，具体相关岗位可按业务对象划分，如出纳核算岗、费用核算岗、成本核算岗、销售核算岗、固定资产岗、会计报表岗等。

（6）数据审核员。数据审核员负责对输入系统的数据进行审核，登记账簿，对打印输出的账簿、报表进行确认，包括合法性、合理性和规范性审核。

（7）系统维护员。系统维护员负责诊断硬件的普通故障并进行相应处理，负责系统软件和会计软件的安装和调试，管理数据库，排除会计软件发生的功能性错误并进行修复，保证网络的安全，预防非法用户侵入，对“黑客”攻击进行防御，等等。

（8）系统分析员。系统分析员主要职责为针对单位会计信息系统的运行情况进行分析，提出对系统的改进意见和建议，以充分发挥会计信息系统的整体功能。

（9）档案管理员。档案管理员负责保管会计信息化财务成果信息，保管纸质会计档案和磁性介质会计档案。

2. 会计信息化日常管理与维护

会计信息化日常管理主要包括操作管理、机房管理、软件和硬件维护等方面。各单位应根据具体情况建立相应的管理制度。

（1）操作管理制度。明确规定系统操作人员的操作权限，不得越权操作；严格管理操作密码；要做好数据备份，备份磁盘应交由档案管理人员保管；保存必要的上机日志，以便有事故发生时明确相关人员责任；任何人不得直接打开数据库文件进行操作，不得随意删改数据、原程序和数据库文件结构。

（2）机房管理制度。应保持机房清洁卫生；未经许可任何人不得随意使用财会专用机；严禁在财会专用机上玩游戏；严禁使用外来磁盘，必要时要先杀毒后再使用；严格按顺序开启机器；长时间离开应关闭机器，下班必须关闭电源。

（3）软件和硬件维护制度。做好会计软件的日常维护，例如常见错误排除、数据恢复、调整打印机参数、系统升级等；维护人员不得擅自改变原有软件的程序；财会人员因操作失误而引起的错误，应由操作人员按正常纠错方法改正，不得由维护人员通过打开凭证库、账簿库文件等方式进行维护修改。做好硬件的日常维护，若系统硬件出现故障，应及时通知系统维护人员，切勿自行操作。

3. 会计信息化档案管理

会计信息化档案指采用磁盘、光盘等磁性介质存储和打印出来的纸质材料两种形式保存的会计数据。单位应建立会计信息化档案管理制度，主要内容包括：打印输出的凭证、账册、报表等书面形式的会计档案必须由会计主管签章，并按《会计档案管理办法》规定的保管期限和管理办法管理。随计算机配置而来的操作系统、各类应用程序软件以及购买的会计软件的磁盘均应作为会计档案保管。

为保证备份数据的安全，备份磁盘必须装入盘套，放进硬盒，存放在安全、洁净、防热、防潮、防磁的场所；要定期检查、定期复制备份磁盘，防止由于磁性介质损坏而使会计档案丢失；加强会计档案的保密工作，任何人如有伪造、非法涂改变更、故意毁坏数据文件、账册、备份磁盘的行为，将受到行政处分，情节严重者将追究其法律责任。

第三节　会计信息化的软件选择

一、会计软件的分类

会计软件属于计算机应用软件的范畴。按系统结构划分，会计软件分为单机版会计软件、企业级会计软件和网络版会计软件；按适用范围划分，会计软件分为定点开发会计软件和通用会计软件；按提供信息的层次划分，会计软件分为核算型会计软件和管理决策型会计软件。

（一）单机版会计软件、企业级会计软件和网络版会计软件

单机版会计软件是指将会计软件单独安装在一台或几台计算机上，每台计算机中的会计软件单独运行，各计算机之间不能进行数据交换和共享；企业级会计软件建立在单位局域网的基础上，信息资源能够充分共享，实现了购销存业务处理、会计核算和财务监控的

一体化管理；网络版会计软件将企业局域网和互联网应用结合在一起，将单位财务管理应用推向互联网，实现了全球范围的分布式计算。

（二）定点开发会计软件和通用会计软件

定点开发会计软件又称为专用会计软件，是指仅适用于个别单位会计业务的会计软件。该类软件适合使用单位的具体情况，使用方便。其缺点是只能在个别单位、一定时期内使用，软件的开发成本、维护费用较高。通用会计软件是指在一定范围内适用的会计软件，一般需由用户自己设置会计核算规则，其中，商品化会计软件是经过评审通过的、在市场销售的通用会计软件。

（三）核算型会计软件和管理决策型会计软件

核算型会计软件是指专门用于完成会计核算工作的会计软件。会计核算软件面向事后核算，完成会计信息化基础工作。管理决策型会计软件在会计核算的基础上，对会计信息进行深层加工，提供管理上所需要的各种财务信息。其主要任务是进行财务分析预测、编制财务计划和进行财务控制。

二、会计软件的选择与评价

（一）会计软件的选择

会计软件的选择方式一般有购买通用会计软件、定点开发（包括自行开发、委托开发和联合开发）、通用与定点开发相结合三种。其中，购买商品化会计软件成本低、见效快、安全可靠、维护有保障，对于单位特殊的需求，还可通过二次开发来满足，是目前单位信息化采用最多的一种方式。

（二）商品化会计软件的评价标准

1. 会计软件的性能

会计软件应具有合法性，其核算应符合《会计核算软件管理的几项规定（试行）》等会计制度及其他财经法规的要求，能够提供准确可靠的会计信息；会计软件应具有安全可靠性，具有防止会计信息被泄露和破坏的能力，具有防错、查错、纠错的能力；会计软件应具有易使用性，软件系统要易学、易用、易懂；会计软件应具有易适应性，能很好地适应单位财务核算与管理的具体情况。

2. 会计软件的功能

会计软件的主处理功能指完成会计业务一般工作的功能，即输入功能、处理功能和输出功能。辅助功能是为主处理功能服务的系统辅助功能，如提示功能、帮助功能、引导操作功能等；服务功能是为保证会计信息系统的正常运行所设置的功能，包括重建索引文件、复制会计数据档案、恢复系统已被破坏的数据、清理存储空间等功能；控制功能主要制约会计信息系统按规范的、正确的会计工作流程进行处理，并防止非法的和错误的输入、输出以及操作处理。

3. 厂家售后服务

购买商品化会计软件，售后服务至关重要。一般厂家都为用户提供售后服务，然而各厂家所提供售后服务的方式和内容都不尽相同，因此在考察厂家售后服务时，应注意售后服务的内容、厂家维护能力、维护费用、维护方式等。

4. 本单位会计业务的特点

单位在购买会计软件时，必须考虑所在行业和本单位会计核算的特点，考虑本企业发展速度对各项功能的影响以及企业的资金效益等情况。

5. 费用

商品化会计软件的购置费用一般包括软件费用、培训费用、安装费用、售后服务费用、其他配套费用、网络版会计软件增加工作站的费用等。考虑费用问题时，应与软件的质量和满足需要的程度综合考虑，以求选择既能满足会计处理的要求，性价比又是最优的软件。

三、用友 ERP-U8 系统的总体结构

ERP 是 Enterprise Resource Planning（企业资源计划）的简称。用友 ERP-U8 系统全面集成了财务、供应链、生产制造及人力资源管理的应用，主要包括财务会计、管理会计、供应链管理、生产制造、人力资源管理、分析决策多个系统，各系统之间信息高度共享。

（一）财务会计系统

财务会计系统主要完成企业日常的财务核算，并对外提供会计信息。财务会计系统主

要包括总账、应收款管理、应付款管理、固定资产、存货核算子系统。

（二）管理会计系统

管理会计系统通过收集整理各种信息，围绕成本、利润、资本三个中心，分析过去、控制现在、规划未来，为管理者提供经营决策信息，并帮助其做出科学决策。管理会计系统主要包括项目管理、成本管理、资金管理、网上银行子系统。

（三）供应链管理系统

供应链管理系统主要功能在于增加预测的准确性，减少库存，提高发货供货能力；减少工作流程周期，提高生产效率，降低供应链成本；减少总体采购成本，缩短生产周期，加快市场响应速度。供应链管理系统主要包括采购管理、销售管理、分销管理、库存管理等子系统，各子系统之间既相互控制又相互传递数据，形成一个供应链的整体。

（四）生产制造系统

生产制造系统体现从计划预算到执行控制再到决策分析的管理思想，规划和计划各种资源在时间、地点、产品之间的合理配备，按计划监督责任方对资源的使用情况，根据预测和历史情况为决策者提供有效地利用资源的分析数据。生产制造系统主要包括生产计划、物料需求规划、车间作业管理等子系统。

（五）人力资源管理系统

人力资源管理系统重点是实现人力资源部门在员工素质管理、薪资管理、绩效考核等方面的需求，实现对企业人力资源管理业务的全方位过程执行和管理控制。人力资源管理系统包括人事信息管理、考勤管理、薪资管理、福利管理子系统。

（六）分析决策系统

分析决策系统根据其他系统反馈的信息，进行综合地统计、分析，发现规律和问题，进行经营决策，使企业的管理模式更符合实际情况，制定出最佳的企业运营方案。分析决策系统主要包括用友办公软件（Ufida Friend Office，UFO）报表、现金流量表、合并报表、财务分析、专家评价与分析等子系统。

四、用友 ERP-U8 的主要子系统

用友 ERP-U8 实现了从预算到核算再到报表分析的财务管理全过程。本书从实用和够用的角度出发，主要介绍财务会计和供应链等与会计业务紧密相关的子系统。

（一）总账管理系统

总账管理系统是财务系统的核心，企业所有的会计核算最终在总账中体现。该系统主要提供凭证处理、账簿查询打印、期末结账等基本核算功能，并提供个人、部门、客户、供应商、项目、产品等专项核算和考核，支持决策者在业务处理的过程中，随时查询包含未记账凭证的所有账表，充分满足管理者对信息及时性的要求。

（二）应收款管理系统

应收款管理系统主要用于核算和管理企业销售业务所引起的资金的流入。该系统主要提供发票和应收单录入、客户信用控制、客户收款处理、现金折扣处理、单据核销处理、坏账处理等功能，并提供应收账龄分析、欠款分析、回款分析等统计分析，提供资金流入预测。此外，它还提供应收票据管理，处理应收票据的核算与追踪。

（三）应付款管理系统

应付款管理系统主要用于核算和管理企业采购业务所引起的资金的流出。该系统主要提供发票和应付单录入、向供应商付款的处理、及时获取现金折扣的处理、单据核销处理等业务处理功能，并提供应付账龄分析、欠款分析等统计分析，提供资金流出预算。此外，它还提供应付票据管理，处理应付票据的核算与追踪。

（四）固定资产管理系统

固定资产管理系统主要提供资产管理、折旧计算、统计分析等功能。该系统主要包括原始设备管理、新增资产管理、资产减少处理、资产变动管理等，并提供资产评估及固定资产减值准备功能，支持折旧方法的变更；可按月自动计提折旧，生成折旧分配凭证，同时输出有关报表和账簿。

（五）薪资管理系统

薪资管理系统主要提供工资核算、工资发放、经费计提、统计分析等功能。该系统支

持工资的多次或分次发放、代扣税或代缴税、银行代发，提供代发数据的输出功能，同时也支持现金发放，提供分钱清单功能，还可以对经费计提的内容和计提的比率进行设置。

（六）UFO 报表系统

UFO 报表系统是报表事务处理的工具，与总账等各系统之间有完善的接口，是真正的三维立体表。该系统主要功能有：文件管理功能、格式管理功能、数据处理功能、图形功能、打印功能和二次开发功能；可以通过取数公式从数据库中挖掘数据，也可以定义表页以及不同表格之间的数据钩稽运算，可以制作图文混排的报表。UFO 报表内置工业、商业、行政事业单位等行业的常用会计报表。

（七）采购管理系统

采购管理系统对采购业务的全部流程进行管理，为采购部门和财务部门提供准确及时的信息，并辅助管理决策。该系统提供订购、订货、到货（退货）、入库、开票、采购结算的完整采购流程，用户可依据实际情况进行采购流程的定制：提供采购订单的到期提前预警功能，提供比价单、供应商价格对比分析等报表。

（八）销售管理系统

销售管理系统是以销售业务为主线，兼顾辅助业务管理，实现销售业务管理与财务核算一体化。该系统用来处理客户的基本档案资料，制定销售计划，销售报价，开具销售订单（销售合同），销售发货（销售退货），销售开票；在销售订单、发货、开票时可以检查和控制客户的信用额度和最低售价，减少坏账的发生；强大的统计分析功能，可以根据业务数据，生成各类丰富的统计报表。

（九）库存管理系统

库存管理系统具有单据输入、审核和账表查询等功能。该系统可处理由采购部门传过来的采购到货单，进行验收入库；销售部门传过来的销售发货单，审核之后销售出库；处理材料领用业务（配比出库、限额领料）；安排半成品、产成品入库；处理调拨、盘点等工作；查询各种库存账表；提供最高库存、最低库存、安全库存报警等工作；提供组装拆卸业务。

（十）存货核算系统

存货核算系统主要针对企业存货的收发存业务进行核算，掌握存货的耗用情况，及时准确地把各类存货成本归集到各成本项目和成本对象上，为企业的成本核算提供基础数据，并可动态地反映存货资金的增减变动，提供存货资金周转和占用的分析，为降低库存、减少资金积压、加速资金周转提供决策依据。

第四节 会计信息化标准体系构建

在任何一家企业中，都需要有相关标准的体系来维护企业的运转。同样，在会计信息化发展中也需要相应的标准来规范，需要建立相应的管理制度来约束会计部门。有了标准的体系，便可以以此为规范，要求员工在开展工作时有所依据，将工作有序地开展起来。

会计信息化标准体系是指在会计工作中，对会计信息的一些关键的概念及运行准则予以规定。之后，要求所有员工必须遵从会计工作准则进行工作，这样能够保障工作人员能够遵从规则，并且以身作则，提高了信息化工作效率。同时，建立标准化体系还可以严格地精算出有用的信息数据，进而保障经济管理过程中受到良好的经济收益。

在制定信息化标准体系时，需要积极地响应国家号召，遵守国家的法律法规，推进标准体系信息化与各个部门之间的衔接方式，得以保障会计信息化标准体系建构的科学化、信息化、合理化的体系。

一、会计信息化标准体系建构的原则

（一）结构性原则

从会计发展的历史上看，会计信息化标准体系的建构，是基于其建构体系。因为有了建构体系，才能将会计部门和其他部门紧密地联系在一起。在信息化标准建构中，需要遵从结构性原则，用全面的态度看待问题，推进会计信息化标准体系的不断完善。这就需要从多个方面考量分析，要对不同环节的会计信息或内容进行精确的规划，确保每个环节都能拥有明确的目标，这样才能构成基础的条件。除此之外，会计部门的相关负责人还要考虑整体性原则，确保各个环节之间能够互相联系，互相制约，保证了结构的稳定性。这些

标准的主要内容是为了进行更加高标准、严要求的管理，促使会计信息化标准体系正常运转，并且真正地发挥出这个体系的最大价值。

（二）整体性原则

在会计信息化整合的过程中，许多环节需要按照整体性原则来进行梳理。因为信息化标准体系建构本身就是一个具有整体性和系统性的构造，这些系统细节之间，也存在一定的关联，彼此之间有序地排列，从而建构出更大的系统。为了保证会计信息化标准体系的建构，应以整体性为基础，推进各个系统之间相互连接。比如说，在会计信息化标准建设体系中，研究分系统需要找到它们之间的相通之处，才能辅助建构出一个整体的体系，从而突破会计信息化标准体系，建构出整体的结构。

（三）动态性原则

在会计信息化标准体系监控中，动态性是会计工作的诉求。因为在会计信息化标准体系建构的过程中，所有的组件之间并不是稳固不动的，而是随着现实情况不断变化的，在此前提下，不用要求工作人员死板地遵守相应的系统规则，而是需要他们学会随机应变。会计信息化标准体系建构是具有动态性原则的，工作过程中的动态发展会促使工作过程中不断地利用思维创新的方式来维护。从而发现问题再去思考问题，最后解决问题。这样可以保证工作的模式不是一成不变的，会在不断的发展中去提高自身信息化发展的情况，从而促进经济发展的稳定性。

二、会计信息化标准体系的框架结构

（一）会计信息化标准体系的信息更迭性

随着时代的不同变化，不同的企业对于自身的会计要求标准是不同的。部分企业对于会计信息化有着非常高的要求，因为领导者深知信息化能提高员工的办事效率，也会提高数据的精准度，从而提高整体的工作效率。而有些企业依旧依靠人工来保障财务行业的稳步发展，通过有关数据表明，利用信息化标准体系去完成相应工作，更适合于使用者的需求。所以为了满足不同类型企业对于会计信息化的需求，所以要制定相应的体系计划。而经过众多企业对于会计信息化标准体系的认知后，懂得了信息建设的重要性，要将这种方式和应用带到实际的工作中。在真正实施的过程中，还要结合企业内部的具体情况来分析，在监督和管理信息化体系的过程中，要牢牢把握角度的分析，从各个角度、各个环节进行细致的审评，哪一个环节都需要安排专业的人员对于环节进行监督。不要忽视监督体系的价值，细节往往决定一件事情的成败。只有照顾好每一环节的具体情况，然后发挥自身的创新式思维，才有可能将会计信息化标准的应用推向发展高潮。

（二）会计信息化标准体系中的会计信息运动性能

在大数据的强大背景下，会计信息化标准体系发展将迈向更高的台阶。但发展迅猛也是一把双刃剑，因为会计信息标准中所蕴含着许多动态的数据，是无法完全操控，也无法随意更改的。所以，企业会计部门需要对这些动态数据的走向进行分析，然后才能更加精准地了解企业的整体发展趋势。通过细致的观察，能够促使会计工作人员对信息化体系的认知越来越清晰明了。保证所得的这些信息不是死板的数据，而是能够将实际工作所联系在一起的富有动态性质的信息。

（三）会计信息化标准体系的综合支持与控制性能

会计信息标准化体系的综合支持与控制性能是具有协调治理作用的。一个企业内部的会计信息往往是一个企业内部最重要、最需要保障安全的信息内容，所以在会计信息化标准体系的信息保护方面，必须提供综合性的支持与管控性能。在此方面，企业应该积极组织工作人员进行专业培训，提升在此方面的技能。因为信息技术是不断发展的，而人才也是需要不断培训的，这个内部信息系统的安全性能够影响整个企业的发展走向。经济发展影响上层建筑，如果一个企业内部连自身的会计信息系统的安全都无法保证，那这个企业将变得岌岌可危。会计信息化系统体系的安全管控能力和安全标准一定要在一个固定范围内，日常运行不可超出相应范围。这些还只是最低级的要求，要牢牢地遵守相应的控制性能，才能保障会计信息化系统的运行能够得到更多的保护和维护。

三、会计信息化标准体系的具体优化策略

（一）找准目标，加强体系建设

企业要找准自身发展的目标，并且精准施策，这是会计信息化标准稳步发展的大前提。工作人员要充分意识到，设立目标的关键性，明确了目标，才能有明确的管理理念，才会将目标有序地进行发展。会计信息所包含的内容是有很多种类的，有关税务信息、审

计信息、统计信息，还有企业内的财政信息。这些信息都有潜在的价值条件，而且在会计信息进行交换的时候，也会涉及整个活动的所有人员。企业需要不断认识自身，从而去确定未来发展方向的目标，这样通过不断完善自身管理机制，会保证企业能够有条不紊地发展，也会促使会计信息化标准能发挥出更高水准。

（二）转变财务管理的观念和优化流程

在传统的会计工作中，在部分大型企业中，财务管理主要依靠内部的财务软件。而这些财务软件是需要本公司的技术人员去操控的，在时间空间上都受到了极大的限制。而随着互联网时代的到来，通过现代化的手段，能够促使财务管理利用互联网来传输信息，这就极大突破了空间的限制，加快了信息的流转，也突破了时间的限制。现阶段，我国市场经济不断扩张，发展速度也是越来越迅猛，企业财务迎来了新的发展阶段。在此现象下，企业应当做好自我监督，并不断提出自我修正的管理方案，精准评估会计部门未来的发展走向，并根据所出现的问题进行整改，不断树立发展目标。根据实际情况，及时更改方向，为试验信息化的到来而不断改变自身要求，从而促进企业内部的长远发展。

（三）建立网络平台，实现会计信息即时共享

网络的发展也促使网络信息爆发式发展，人们常常会遇到信息不统一、意见不统一的情况发生。这时就需要部门制定一个标准化体系，利用这样的平台作为现实服务机构。可以保证多个企业公司的财务信息进行统一化的网络式管理，而这个平台并不是一朝一夕便可以建立完成的，需要不断摸索经验，结合自身企业发展状况，相应地建立起管理体系，给予平台上相关信息的需求方更多即时信息。

第五章　会计信息化下财务管理与创新研究

第一节　会计信息化在财务管理中的作用

随着数字化时代的到来，信息化技术应用的领域和范围也在逐渐扩大，在信息技术的影响下，各个领域都开始实现办公信息化，会计信息化是建立在计算机基础之上，利用财务会计软件快速、高效、准确地处理信息数据。会计信息化在企业财务管理中的应用，替代了传统手工记账，节省了人力，提高了工作效率。随着会计信息化的深入发展，财务分析与财务共享的功能都在企业财务管理中发挥着积极的作用，使企业财务管理能够全面地收集、整理、分析信息数据，为企业管理者重大决策提供了更加可靠、准确、真实的财务信息。会计信息化给企业财务管理带来机遇的同时也提出了更大的挑战，所以研究解决会计信息化应用在企业管理中的挑战，才能更好地发挥会计信息化对企业财务官的积极作用。

会计信息化是数据化、信息化时代发展的必然结果，大数据时代，海量的信息涌入企业，真实、准确的信息才是对企业管理者进行决策的关键，会计信息化实现信息处理的效率与深度，还进一步加强了信息协同，提高工作效率，降低企业经营成本，这是企业财务管理需要实现的目标，所以会计信息化对财务管理的积极作用，是企业实现财务管理目标的重要手段与方式。

一、提高信息处理的效率

会计信息化通过互联网与软件系统，打破时间和空间的限制，将财务数据和经济业务紧密地结合起来，实现供应商数据、客户数据、财务数据有机整合，将外部与内部监督之间紧密结合，海量的数据量与数据流，通过会计信息化的形式，实现了高效信息处理，不仅让企业管理者可以快速了解企业内部信息，还可以有效地评估上游供应情况和下游客户的市场情况，弥补了传统手工会计的局限，还极大地提高了企业的财务管理效率。

二、拓宽信息核算的深度

会计信息化对会计核算带来了巨大的冲击，在信息大爆炸时代，会计信息系统软件中，会计科目的设置以科目编码的形式体现，编码越是详细，会计核算的程度越深，现在科目编码的设置一般可以达到四级或五级，对企业的精细化管理提供了核算基础。同时，会计信息系统软件不仅可以直接导出财务报表，还实现会计报表的升级，将计算机技术和棋盘形式结合起来，实现会计报表的多维化结构，如“棋盘式报表”就是将不同的会计报表依据不同的统计口径，让整个报表像围棋一样呈现出来，满足信息使用者的不同需求。

三、加强财务信息的协同处理

随着电子商务的发展，企业经济活动触及的空间范围不断扩大，给企业财务管理带来了新的挑战，而会计信息化不仅有效地解决了海量信息处理缓慢的问题，还加强了财务信息的协同处理，提高了会计核算时效。

会计信息的共享化实现了企业内部各部门之间的协同效应，货物流、资金流、票据流实现了同步处理，各部门之间可以相互合作、监督、制约，在一定程度上减少了资源的浪费，还可以实现企业财务管理工作的有效性和准确性。

在过去，企业经济活动发生后，需要一段时间才能将经济活动的相关原始票据和资料传送到财务部门手中，特别是跨地区、跨国核算，更是增加了时间成本，导致财务部门的核算数据远远滞后于经济业务发生的时间，不能及时、准确地反映出企业实际的经营状况和经营结果。会计信息化通过计算机和网络可以第一时间将经济业务活动的相关数据及其资料，传送给财务部门，并对其进行加工处理，极大地削弱了传统会计信息输送与加工处理的时间成本，提高了会计核算时效。

四、缓解办公压力，降低成本

大数据时代，随着企业的发展，会计工作的内容和业务量都在不断增加，会计信息化有效地缓解了会计从业人员的办公压力，在一定程度上降低了企业管理成本。基于财务共享模式的会计信息化，一方面可以将企业集团内部的会计核算方法和标准实现统一，并在系统软件中设置参数，自动识别非标准化的会计核算，极大地提高会计核算的一致性和连续性；另一方面可以有助于提高企业集团各公司、各部门之间信息输送的效率，实现信息共享，以较低的成本实现集团会计信息化建设。

基于大数据的会计信息化，可以将规模巨大、种类多样、价值密度低的海量数据集中于大数据平台，对信息进行高效、快速的处理，不再局限于简单加工，更加侧重于综合性分析，不仅可以减少会计工作人员的工作量，还可以提高会计工作人员的工作质量，降低企业管理成本的同时，还可以为企业管理者的经济决策提供准确的财务数据。

第二节 会计信息化对财务管理产生的影响

会计信息化是信息时代的必然产物，会计信息化系统包括财务数据信息化、财务模式信息化、财务体系信息化，可以将企业财务管理工作进行系统性的整合，其对企业财务管理的积极作用是不可忽视的，因此加强会计信息化的建设也成为企业财务管理发展的新方向，财务信息的共享化、云计算都对会计信息化建设提出了更高的要求，所以在会计信息化建设的过程中，需要在会计工作、会计人员、财务信息安全、内部控制等方面做好财务风险防范工作。

一、对会计工作的影响

会计信息化虽然提高了会计核算的效率，拓宽了会计核算的深度，但会计信息化的系统性特征，也增加了系统性风险。

一方面会计信息化是利用计算机作为载体进行会计信息的处理，因为计算机的数据处理技术依赖的是磁性材料，所以极大地提高了会计工作舞弊的可能性，所以会计人员可以比较容易地在会计信息系统软件中，通过数据输入和结果输出环节，对会计数据进行非法篡改；另一方面计算机是在系统平台对会计信息进行集中处理，在数据的处理过程中，电脑程序一个小小的偏差，都可能导致财务系统的崩溃，造成数据信息的残缺与遗失。

所以在会计信息化应用企业财务管理的过程中，要做好系统参数设计，防止个人权限设置模糊或过大，防止系统性错误，引发系统性风险；同时还要做好数据备份，以防数据遗失，造成不可挽回的损失。

二、对会计人员的影响

会计信息化不同于传统会计，对会计人员提出更高的要求，会计信息化不再局限于重复、简单、机械地进行会计记账。大数据时代的会计信息化，一方面对会计人员的专业知识与技能有了更高的要求，专业知识不再仅仅局限于财务知识，还要对企业的经济业务有着更深刻更透彻的理解，才能依据海量数据，做好财务分析工作。另一方面会计信息化利用系统软件对信息进行处理，所以会计人员要对计算机语言有基本的认知，这样才能理解系统运行、处理信息数据的逻辑，才能在海量数据面前，有效地提炼出所需要的信息。

所以在会计信息化应用企业财务管理的过程中，要全面培养、提高会计人员的综合素质，一方面改变会计人员的思想观念，会计信息化对企业财务管理的作用不只是利用会计软件完成简单的会计核算工作，更重要的是实现财务分析，为企业管理者的重大决策提供准确、真实、有效的数据信息；另一方面要组织会计人员与 IT 部门进行合作，进行轮岗学习，加快培养高素质的复合型会计信息化人才。

三、对财务信息安全性的影响

互联网的开放性和共享性，促使企业建立了基于共享化服务的会计信息化，不仅加强了数据协同处理的效率，也减少了资源浪费。但对企业来说，财务数据属于商业秘密，关系着企业的生死存亡，所以在会计信息共享化的过程中，对不同的信息使用者设置了使用权限，在信息输送的过程中，也进行了信息数据加密，但很多信息软件对企业财务数据的安全保密性不高，大多时候停留在基础层面上的加密。目前市面上的会计信息化软件，也缺少必要的操作人、操作时间、操作内容等详细记录的功能，一旦操作失误或者遭遇网络不稳定、被病毒侵入，财务数据很有可能会丢失，且不易恢复。

所以在会计信息化应用企业财务管理的过程中，对财务信息的安全性要高度重视，必要时以牺牲信息处理效率为代价，也要确保财务数据的保密。因此建立安全而稳定的企业财务管理系统，对系统进行维护与管理，确保底层数据库的完整性与准确性。开发使用新功能前，需要充分测试安全性，将可疑操作进行监控，提前防范财务风险，将财务信息安全性风险降到最低。

四、对企业内部控制管理的影响

会计信息化是高度依赖计算机与系统软件的信息处理工作，所以企业财务管理的过程中，一定要增强风险意识，因为一旦计算机出现瘫痪或者是系统软件出现系统性问题，给企业管理造成的损失就不再是一城一池的得失，而是全部数据的丢失，所以这对企业内部控制管理提出了更高的要求。传统的企业财务管理中，会计人员的内部控制重点在于对财务人员的管理，通过不断加强会计人员的专业素质和熟练程度，避免会计核算错误，提高会计工作质量。但在会计信息化的背景下，会计人员虽然还是企业财务管理中的重要因素，但信息化系统也成为内部控制的重要环节，企业内部控制对象发生了一定的改变，也增加了企业内部控制管理的难度与风险。

所以在会计信息化应用企业财务管理的过程中，一方面要转变观念，重视对信息系统化本身的内部控制，关注信息系统的安全性、可靠性，确保操作人员与系统维护人员的岗位分离。另一方面要建立起完善的岗位责任制度，对会计人员的内部权限做好分工，防止越权操作，导致信息泄露。

第三节　会计信息化下财务管理的优化路径

一、会计信息化背景下企业财务管理存在的问题

（一）企业领导没有认识到会计信息化的重要性

互联网科技的不断发展和壮大，使得信息化财务管理已经广泛地应用到各个企业之中，但是很多企业领导者还没有意识到会计信息化趋势所具有的意义，即使是有的企业领导者意识到信息技术在企业管理过程中的重要性，但是却没有办法全面地意识到信息化技术和科技的结合给行业发展带来的影响，也错误地忽视了信息技术和各个企业部门之间的有机联系，从而使得财务信息管理技术并没有在信息化飞速发展的今天高效地推动企业的进步，领导者对会计信息的错误认识使得企业的发展没有办法跟上时代的脚步，企业在竞争中没有办法获得核心竞争力，从而导致企业在发展过程中遇到了较多的困难。

除此之外，会计信息化建设过程中所遇到的最大障碍就是传统会计的经营理念，企业财务管理中所存在的问题就是领导者没有办法敏锐地把握时代脉搏，抓住挑战与机遇，同时也缺乏一定的探索精神，直接导致了企业经营方式与时代适应力的削减。要想推动企业发展朝着会计信息化的方向前进，首先要做的就是加强领导者以及工作人员对于会计信息化的认识，从而提高企业发展的科学性。

（二）企业欠缺复合型会计信息化人才

在财务管理信息化技术发展的背景下，财务管理人员不仅需要掌握基础的专业知识及

企业的经营流程，还需要在此基础上不断地学习和掌握相关的计算机技术。

除此之外，还要求工作人员能够熟练利用互联网，从而真正意义上将会计信息化应用于各企业的经营中去。然而，据统计，我国中底层会计总数仍然处于饱和，而注册会计师等高精尖人才则缺乏，专业能力强、能够适应时代的变化且不断掌握信息技术的管理型会计人才更为缺乏。因此，信息化人才的缺乏直接导致了企业信息化的滞后，也直接影响了企业的长期发展。人才作为企业发展之根本，是企业生命与活力生生不息的关键，在当今时代背景下，企业财务管理将不仅以实现企业经营活动的合理化与现代化为目标，更是以人才为核心，进一步实现会计信息的流程化。

（三）会计信息与企业财务管理信息结合不理想

就目前而言，各企业所应用的财务软件，多数都是统筹多种不同的操作平台进行考核评估，从而寻找适用于本公司的最佳软件，这样的软件选择直接导致了软件应用的标准性和通用性问题。

与此同时，作为会计软件市场，其在共享初始并没有所谓的数据共享接口，并且各企业在软件应用上也存在着诸多相同问题，所以在收集信息时则需要消耗大量的人力和物力。会计信息相对独立，与企业财务管理信息之间的融合有待优化，无法在企业管理者做决策时实现有效的应用。

除此以外，会计信息化改革中最重要的就是会计信息，企业需要优化会计信息的利用，并通过会计信息系统的建设来优化对市场资源的利用。

二、会计信息化背景下企业财务管理方法的优化路径

（一）培养会计信息化财务管理人才

1. 转变员工的思维方式和行为方式

要做到推动会计信息化财务管理模式在企业经营过程中应用效率的提升，首要做的就是加大企业会计信息化人才的培训，从企业出发，要想实现企业会计信息化人才队伍的建设，要做的就是结合企业的实际情况，通过不同的分组方式开展教育培训，也可以邀请业内实力较强的财务管理人员开展主题会议，专项解答工作人员在开展会计信息化建设的过程中所遇到的问题。

企业信息的重要岗位还需要让会计信息化人员来完成，为了保证工作人员的复合能

力，企业可以开展跨岗位教学，吸引更多的工作人员不断向外延伸，在完成本职工作的同时，还能够不断地培养自己的其他能力。

除此之外，从宏观来看，国家还需要结合财务管理行业的需求，加大对财经院校的转向投资力度，同时还要与当地的企业进行联合，定向培养出国家和社会都需要的复合型会计人才，从而推动工作人员在实际工作中的创新能力和专业能力，为企业的可持续发展打下坚实的基础。

2. 运用绩效考核，提高员工积极性

很多企业虽然也在陆续开展财务管理人员的信息化培训，但是收获并不明显。这是因为很多员工本身对于信息化能力的掌握并不感兴趣，所以即使是参与到会议的培训中也是应付差事。为了更加有效地提高员工的积极性，企业的管理负责人可以采用绩效考核的方式来提高员工的积极性。绩效考核是在规定标准的基础上采用特定的方法对员工进行考评，包括思想品德、工作能力和劳动态度等，从工作态度、工作能力、工作业绩以及工作频率等方面对员工开展综合评定，并根据评定的结果对员工进行报酬以及任免等方式的鼓励，这样的奖罚方式不仅能够激发员工的积极性，从而更好地促进员工的个人发展，还能够间接地为企业培养出一支优秀的人才队伍，进而推动企业的发展，从而实现企业综合实力的提升。

（二）提高领导的重视

企业的领导者在财务管理的过程中发挥着决定性作用，会计信息化管理是企业财务会计准备工作的关键，为了更好地推动企业财务管理的发展，企业领导要做到通过不断地了解和学习来掌握信息技术的发展方向，并树立健康、现代的思想观念，以时代发展的方向为基础制定企业财务管理的发展计划，时刻把握时代发展趋势，从上到下加大对会计信息化的重视程度。企业的领导者在加大自身对财务管理的重视时，需要从企业周围的环境开始，围绕信息化财务管理模式对企业未来数年的发展方向制定合理的计划方案，并通过不断地纠正财务管理计划过程中所出现的问题，合理推动企业的可持续发展。即使是在企业经营良好的状况下，也需要加强对企业信息化的重视程度，企业的领导者能否以信息化为基础做出科学合理的决定，将会直接决定企业管理水平的高低。

（三）完善企业财务管理制度

在企业的领导者不断地加强自己对财务管理重视程度的同时，还需要结合国家法律法规合理地制定管理制度，并以所制定的制度来约束和管控会计人员的工作日常。

审计工作和会计工作的关联性较大，在制定财务管理制度的过程中也需要考虑到财务管理过程中审计工作所提出的要求，如果企业选择将财务管理工作作为企业运营的关键环节，在完成信息资源共享的基础上，还需要重视其操作流程的规范化和透明化，只有这样，才能够从根本上把系统发生错误的概率降到最低。

除此之外，还可以避免因为员工的不规范操作给企业的平稳运行造成一定的风险，减少企业所制定的会计制度在实施的过程中遇到较大的困难。为了保证企业财务管理制度的实施效果，企业需要定期检查其执行的状况，并根据其执行的情况对所制定的财务管理方案进行不断的修改和完善。

(四) 财务业务一体化

财务业务一体化需要降低企业财务运营风险。会计信息的共享，更广泛地扩大了会计信息的应用范围。

在完成采购后，需要由工作人员完成记账，从而将采购而来的发票录入系统当中，并自动根据其信息凭证录入系统，从根本上解决了数据错误与财证不符等常见问题，为实现财政一体化打下了坚实的基础。会计信息化的应用能够保存多种原始业务单据，同步查询每项业务发生的明细以及其余额的详情。

综上所述，要进一步优化信息化背景下的企业财务管理方法，需要层层递进，以转变员工思维与行为作为首要目标，从而实现会计信息化财务管理人才的培养。除此之外，还需要不断地提高领导的重视，在完善企业财务管理制度的同时，还需要通过实现财务业务一体化来优化信息化财务管理方式的应用效率。

第四节 基于云计算的财务管理会计信息化

在云计算背景下，企业管理会计的信息越来越多，而企业对信息的处理能力较低，管理会计信息的实用性也比较低。为了提高自身对管理会计信息的收集能力与分析能力，企业需要构建高效信息处理系统，确保财务信息能够发挥其价值。除此之外，管理会计工作具有极强的专业性，而且具有更高的时效性。为了在短时间内提升工作效率，向企业的外部利益相关者提供会计信息，展示企业会计工作成果，企业需要加大管理会计信息化建设力度，结合现在的信息化手段，创建出先进有效的信息管理系统，并把财务会计与管理会计合并，从而构建一个完整的会计体系，保障企业会计职能得到充分发挥。

一、云计算在企业财务管理工作中应用价值

（一）减少资源成本，提高企业财务管理工作效率

在企业的运营过程中，企业需要投入大量的管理成本，如人力成本、设备成本以及资源成本等。云计算的应用，可以帮助企业减少财务管理过程中投入的资源成本。与此同时，云计算还可以在人力与物力等方面实现企业资源的最优配置，帮助企业获得最大的经济效益。企业在利用云计算处理各项业务时，无须过多关注资源方面出现的问题，可以拥有更多的精力关注自身的主营业务，从根本上打破企业财务管理工作的瓶颈。另外，云计算的应用不仅可以让企业的财务工作压力得到缓解，还可以让企业财务管理工作的协调性得到提升，从而解放企业的财务管理工作，进一步提升企业财务管理工作效率。

（二）为企业财务管理工作搭建一个互动整合的平台

在经济快速发展过程中，企业的各个部门需要强化交流，深化改革与创新。交流平台的限制，阻碍了企业部门间的互动。在云计算背景下，企业的财务管理工作有了一个互动整合的平台。无论是决策管理，还是采购销售等，都可以利用云计算所提供的平台进行交流互动，促使企业内部信息可以通过线上的方式呈现出来。同时，在保证各部门之间精诚合作的基础上，也让各个部门的工作效率与协调性得到显著提升。

二、云计算在企业财务管理会计信息化中的应用现状

在互联网快速发展的背景下，云计算是目前主要的发展方向，而且云计算在工作与生活中的应用将会越来越普遍。云计算最为显著的特点就是将资源整合在一起，从而为企业提供便利。与此同时，云计算还具备较强的数据分析与计算能力。我国企业当前在财务管理会计信息化建设过程中还存在一些问题，对会计信息化建设产生了一定的阻碍，从而限制了云计算服务发挥其应有的价值。

（一）云计算平台和网络建设投资不足

云计算平台是企业财务管理会计信息化建设的基础，建设云计算平台需要投入大量的

资金，而且其技术要求高、研发风险大。但是，我国目前在云计算平台建设方面的投入力度较小，且应用不足，阻碍了云计算平台在企业财务管理会计信息化中的应用。

此外，云计算平台在网络传输方面存在一定的局限性。频繁的数据存取和海量的数据交换，会导致网络堵塞与数据延时，并且网络传输能力弱，限制了财务管理会计信息化发展。

（二）服务形式与功能单一

在技术限制的情况下，我国云计算服务的发展水平整体较弱，而且云计算服务供应商提供的服务方式相对较为单一，软件服务功能也比较少。对于企业财务管理会计信息化建设来讲，云计算所提供的服务还难以满足自身建设的多样化需求。现阶段，我国市场上提供云计算的服务供应商还相对较少，而且这些供应商的主要目标群体是企业，并且主要为企业提供财务管理方面的服务。从这一层面来讲，我国云计算的研究与发展只是简单地依据财务管理的相关需求进行优化与升级，从而满足企业日常的财务管理需要。由于云计算服务内容并不能够完全满足企业财务管理会计信息化建设需求，所以企业在建设过程中切忌过于依赖云计算，否则会限制企业的整合，也会阻碍企业财务管理的发展，降低企业财务管理工作的效率。

（三）云计算的安全性较弱，存在一定漏洞

云计算财务会计信息安全可以分成物理设备安全、网络安全以及商业数据安全等。其中，物理设备安全指的是在线会计服务是否堵塞与畅通；网络安全是指网络系统的硬件、软件及其系统中的数据是否受到保护；商业数据安全是指是否可以及时准确为客户提供服务，以及企业商业信息资源是否会被篡改与泄露等。因此，在信息技术领域中，所提到的安全性是一个相对的概念，尚不存在绝对的信息技术安全。

另外，云计算平台、数据等都是由云计算服务商管理，并且这些数据在用户与云端之间传输，非常有可能会面临第三方截获或者破坏等风险。同时，由于云计算设备、系统配置较为复杂，数据存储量比较大，一旦出现风险，将会造成难以弥补的损失。故而，在财务管理会计信息化建设中，最重要的一点是保证财务信息安全，这对企业的长远发展具有重要的意义。

（四）安全意识较低，缺少信息化风险预警机制

会计工作者是企业财务管理会计信息化建设的主要参与者，并且在一定程度上，会计

工作者的安全意识将会对会计信息安全性产生影响。部分会计工作者将会计工作效果和管理者联系在一起，认为信息的安全性取决于管理者，对会计信息化认知不够全面。当会计从业者的安全意识薄弱，或者对会计信息化认知缺失，将会造成会计信息丢失事件频繁发生。虽然云计算服务能够为企业的财务管理会计信息化建设提供便利，但是也难以避免安全问题。

除此之外，在财务管理会计信息化建设中，缺乏对新技术的有效应用，导致企业的信息化风险预警机制存在问题。而缺乏信息化风险预警机制，又会影响企业财务数据的安全性，并且工作人员技术水平偏低与专业素养不足等因素的制约，也会使得云计算应用过程中面临各种各样的技术问题。因此，构建信息化风险预警机制具有重要的意义。

三、云计算在企业财务管理会计信息化中的应用对策

（一）加大资金投入，搭建云计算平台

首先，政府部门需要发挥自身的引导作用，采取有效措施研究我国云计算技术，解决企业资金与技术问题。其次，政府部门需要全面整合我国的人力资源、技术资源以及资金资源，推动企业之间实现优势互补与共同发展，从而有效应对我国技术与资金不足的问题。

除此之外，政府部门还可以考虑建立国内自主建设云计算平台的示范工程，引导和规范云计算平台的研发，并加强网络建设，提升网络传输速度与效率。

（二）增加服务内容，提供丰富的云计算服务

提供丰富的云计算服务是云计算今后发展的主要方向。尤其是随着科学技术水平发展越来越快，各个领域的健康可持续发展都需要云计算的技术保障。云计算服务供应商需要充分了解企业的各项需求，保证每个领域都可以实现财务管理会计信息化建设。在开发与研究云计算的过程中，云计算供应商需要和各个行业保持密切的联系，将满足用户的实际需求作为导向，对现有的服务内容进行优化与完善，从而保证云计算服务内容能够更加完整，服务功能更加多样化，充分满足企业财务管理会计信息化建设的多元化需求。例如，财务报表的分析和信息决策，可以更加全面地整合企业的所有管理工作，从而帮助企业达到信息化建设的目标。另外，云计算供应商还需要为企业提供定制服务，从而满足企业财务管理会计信息化建设的个性化需求，促进企业的可持续健康发展。

（三）提升云计算服务的安全性

财务信息的安全性对企业的发展有着直接的影响。对此，企业必须高度重视财务信息的处理与储存问题，并且这也是对企业数据安全产生影响的重要因素。在企业财务管理会计信息化建设过程中，尤其需要注重云计算服务的安全性，具体可以从以下几个方面入手。

第一，提高技术水平，加强对各种安全技术的灵活应用，从而保证在技术层面上提升云计算的可靠性与安全性，特别是数据的储存问题。例如，企业可以研发各种防护软件，保证会计数据信息的安全性；设计相关的使用协议，确保各类会计信息数据得到更加全面的保护，避免黑客或者病毒对数据安全性造成威胁。

第二，在挑选云计算服务商过程中，要充分考虑到自己的需求，尽可能选择信誉方面比较高的供应商，从而为企业财务管理会计信息化建设提供更加有力的安全保障。

第三，从法律层面上，保护云计算服务。现阶段，我国在云计算技术方面的法律条例尚不完善，国家需要出台相应的政策措施，进一步规范云计算服务市场，营造良好的环境氛围，从而确保企业财务信息的安全性。

（四）强化安全意识，完善安全管理工作

在财务管理会计信息化建设过程中，需要强化相关工作人员的安全意识，这是信息化建设的重要前提。

首先，企业可以建立一个信息安全的宣传与教育平台，确保每一个会计从业者能够认识到信息安全的重要性，并把这种意识落实到今后的工作当中，避免会计信息泄露。

其次，政府部门需要高度重视并加强与相关技术部门之间的互动，加大云计算技术相关保障资源的引进力度，积极学习国外先进的云技术经验，为云计算在会计信息化建设中的应用提供有力保障。

最后，云计算服务商需要将先进的技术手段作为指导，加大工业园区、示范工程等项目的建设力度，从而提升云计算服务的安全水平。

第六章 财务智能化转型与应用创新研究

第一节 人工智能与企业财务管理

在信息化时代下，企业管理者需要清楚财务智能化是企业顺应时代潮流的必然趋势。管理者需要加大人工智能在财务管理中的应用力度，构建智能财务管理系统。该系统为财务管理者开展财务数据分析的主要工具，以智能管理会计平台和财务共享平台为基础。财务机器人通过相关平台，拥有较强的计算能力，可以按照流程快速处理数据，完成财务决策，使财务工作高效进行。

一、人工智能概述

（一）人工智能

智能包含转换信息、获取信息、形成方案、运用知识、解决问题，体现为一种能力。人工智能技术在20世纪中期提出，经过几十年的发展，人工智能技术已经应用到实际活动中。人工智能依托现代科学技术，模仿人类思考模式并开展活动，在设定的问题、约束、目标基础上，可以流程化、系统化的进行转化、运用、学习等，由此处理实际问题。人工智能涵盖数理逻辑、迷糊数学、管理学、计算机科学、物理论、信息论、哲学、语言学等诸多学科，是一门综合性极强的技术。在财务管理领域，人工智能已经取得不少的成果，财务机器人面世，也是财务管理体系不断完善的体现。通过智能化会计信息的应用，可以为企业开展活动提供较为可靠、合理的信息，利于企业做出正确的决策。

（二）人工智能发展

人工智能理论出现到今天，经历以下几个发展阶段。在20世纪50年代，首次提出人工神经元模型，学者唐纳德·海布研究人工神经元模型，对其有更深的了解并给出创新规则，在随后的一年出现第一台神经元计算机，由此出现人工智能雏形，为后期技术发展奠定基石。在20世纪50年代到60年代初期，美国科学家在人工智能方面收集数据并进行深刻讨论，经过一段时间由麦卡锡提出人工智能的概念。经过多领域科学家的共同讨论，肯定该概念，由此“人工智能”在学术领域流传。更多学者参与到人工智能的研究，产生较多新的成果。20世纪60年代到80年代，人工智能的发展迟缓，学者在人工智能应用期间将重点集中在符合逻辑与形式推理，过度强调相关内容。大部分学者未关注问题领域信息，不重视信息的应用，使组合爆炸。在20世纪后半叶，人工智能技术初具模型，但是在应用中不能良好地解决实际问题，技术的应用范围较为狭窄。直至Hitch下棋系统出现，改变此种局面。该系统在国际象棋锦标赛胜出，侧面显示人工智能技术在应用中的价值，人工智能技术逐渐复苏；从20世纪80年代一直到今天，各领域专家基于用户对人工智能技术的需求，研究人工智能技术，改进人工智能技术体系。人工智能技术在各行业均有应用，与人类经济社会关联密切，对人们生活、生产、学习有不小的影响。人工智能技术在当下仍存在很多不足，需要相关领域人员持续推进研究工作，从而可以提高技术在具体实务中的应用效果。

二、人工智能对企业财务管理的影响

行业发展期间应用人工智能，可以减轻员工的工作负担，也是企业适应时代必须推进的工作。企业需要在发展中认识到人工智能在财务管理方面的作用，积极地应用人工智能，构建科学的财务管理体系，确保各项工作按照流程推进。

（一）提升财务人员风险预警能力

财务活动在运行中存在风险，财务管理人员需要认识到财务风险时刻存在于财务活动的事实，拥有风险防控能力并关注财务活动运行期间风险变化情况。基于风险分析，在风险未对财务活动形成危害时及时控制。当下不少企业在活动运营期间，自身并未设置风险预警机制，没有随着业务活动进行风险控制，难以快速发现财务信息的风险隐患，不能及时采用合理手段进行风险控制。人工智能技术在财务活动中，动态监测活动。企业在财务风险管理方面，依托系统整理财务数据，建立风险保障机制，分析活动中各类风险的数据值，找到所有潜藏的问题并给出预防方案。企业财务管理者通过人工智能建立的风险模型，掌握内部财务活动运行情况，编制合理的方案，在活动运行中进行有效干预，为企业活动运营提供条件。

(二)借助人工智能技术提升管理

财务管理在内部控制中占据较为重要的位置，确保工作按照企业对财务工作提出的要求，顺着财务发展方向推进活动。企业应该研究活动运行需求，调整工作开展方式，顺利实施战略计划。企业应该关注财务管控工作的开展情况，确定财务管理目标，基于企业发展和财务管理的关系，推进财务管理工作。随着财务活动的运行，财务管理人员整理财务信息，利于财务决策工作的开展。

企业开展财务管理活动时，依靠人工智能技术，借助数据软件连接企业过去财务管理链条。在管理阶段做好价值信息的采集、应用、记录，调整管控模式，借助数据技术处理财务信息，让财务管理活动高效推进。管理层级需要确定人员名单，清楚岗位在职人员是否具备完成任务的能力，合理设定财务管理人员。在企业发展中，财务管理在管理体系中较为重要，会计在财务管理中居于核心位置，需要选择拥有责任意识且专业能力强的人员开展工作，确保财务工作按照要求推进。管理者应该明确财务会计承担的职责，会计在企业运营发展中，负责财务数据整理、分析等职责，会计使用人工智能技术可以更好地完成岗位任务，向管理人员提供财务报告，利于企业管理层掌握内部运营情况。

(三)提升了处理会计信息的质量

在信息化时代，企业财务数据朝复杂化方向发展，财务信息内容极为复杂，由财务人员处理数据，会花费大量的时间，同时不能保证数据内容不会出现差错，也不能有效利用信息归纳活动出现的问题。人工智能系统应用到财务领域中，帮助财务人员快速处理财务数据，在较短时间便可以完成财务管理任务。财务管理人员使用人工智能技术，可以快速整理企业在某段时间内的所有数据，快速分析数据并给出企业财务分析报告，判断企业财务风险类型。清楚风险种类与更为详细的信息，可以编制具备针对性的处理方案。人工智能技术应用到财务领域后，一般会随着应用设置一定数量的模板，不同模板存储对应的信息。将数据与标准进行比较，判断企业财务运行情况。企业依托模型创建数据模板，结合实践数据变动模型参数，提高模型在企业财务状况分析值的准确性，对活动进行适当的干预，提高活动运营的安全性。

企业在财务管理领域使用人工智能，建立财务数据分析模型，可以快速处理财务数据，也可以提高从财务会计信息的整体质量。企业过往通过人力整理财务数据的方式，存在较多弊端，工作效率低，人为因素带来的不确定性因素多，这些会影响到财务信息的可信度。财务会计数据是管理者评估企业发展状况的主要依据，在人工智能技术的辅助下，通过系统处理财务信息，规避财务舞弊情况，使财会信息处理可以高效进行。

三、人工智能在企业财务管理中的应用分析

（一）财务数据核算

在信息网络时代下，企业经济活动运行阶段会产生大量的财务数据。在此过程中，财务人员如果不能采用信息技术推进数据收集、处理等工作，将会承担较大的工作负荷，无法在规定时间完成财务处理任务。财务信息快速增长，如果工作人员使用过往的手段处理财务信息，不能保证数据处理的及时性、处理信息的准确性，不利于决策工作的开展。财务工作较为复杂，工作任务量庞大，企业引入人工智能，为财务管理人员服务。在该技术的作用下，财务管理人员可以更好地开展数据采集、分析等工作，减轻财务管理人员在数据处理方面的压力。通过人工智能的应用，还可以替代大量人力，节省企业在人工方面的成本。人工智能已成为企业高效推进工作的有力手段，企业通过人工智能依托先进算法，完成财务数据核算任务，即便是复杂的数据，也可以在短时间内完成类型划分、数据核算等工作。当下企业在财务活动中使用人工智能，自动导入银行入账单，在短时间内进行对账工作，在网上报销业务流程，打印付账单。

（二）运营情况预测

过往企业在财务管理阶段，主要依靠财务人员推进工作。财务人员的数据核算能力以及工作经验，成为预测企业运营活动未来发展情况的主要依据。如果财务人员工作经验不足、核算的数据并不全面，会影响到预测结果的可靠性，难以通过预测结果反映企业未来经营的大体情况，使管理者在决策时做出误判，对企业造成不小的经济损失。在人工智能出现后，企业财务部门依托该项技术推进财务管理工作，可以更好地整理财务信息，处理财务数据，基于相关数据进行分析和预测，判断企业经营活动在未来某一时段的开展情况。人工智能的应用，为财务管理人员预测企业经营情况提供较大帮助。人工智能可以收集财务管理人员指定经济活动范围的数据，快速找到数据的价值内容，进行全角度、全方位的考量与评判，提高企业经营活动分析结果的准确性。以企业估算某项目利润为例，财务管理人员在活动中，如果没有使用人工智能，会依靠自身经验与财务核算结果，评估项

目的利润。人工智能应用在项目利润预估时，可以通过智能分析模式与数据核算功能，处理项目的各项数据，推断企业可从项目中获得的利润。依靠相关方法，可以使预测利润金额贴合实际值，利于企业对项目进行成本管理与风险控制，可以降低企业在风险控制方面的成本。

（三）财务系统管理

人工智能通过计算机模拟人的思维，做出动作。企业在发展阶段，为了更好地提高财务管理水平，引入人工智能，围绕自身战略决策与财务计划，使用人工智能输入工作数据，模拟财务计划与战略决策的实施情况。会计人员可以按照管理人员要求，结合企业概况建立虚拟环境，推测经营活动在未来某时段的情况。企业决策需要建立在全面、可靠的数据基础上进行，保证决策的可靠性。管理者做出决策，必须考虑到未来运营可能遇到的问题，权衡利弊得失，提出较为可靠的决策方案。按照该决策方案落实活动，不会轻易出现工作偏离设定发展轨道的情况。在财务系统管理期间，财务管理人员会增设风险预警模块，利用人工智能处理财务专业经验与财务信息等数据，给出评估报告。财务管理人员可以通过评估报告，结合企业运营情况，快速发现风险隐患并进行控制。

四、人工智能对企业财务管理发展方向的展望

人工智能技术的应用领域不断扩张，企业财务管理引入人工智能，是企业强化财务管理能力的有效手段。基于企业财务管理的发展情况，未来财务智能成为主要潮流。在人工智能技术的应用下，可以革新财务流程，促使财务活动在流程化管理下，安全、稳定的运行。财务流程的前端、中端与后端，分别包括财务数据智能应用、财务决策和各类财务交易的分析、全程监督风险并进行防控。

企业需要转变财务管理方式，将财务和业务联系起来，建立财务共享服务平台，收集业务活动运行数据，为企业开展活动服务。在业务活动开展前，企业必须按照确定好的财务制度、审批流程、财务标准、财务预算等，在事前完成审批任务，确保业务在开始时有充裕资金作为支撑。在业务活动运行期间，需要全程记录工作数据，锁定资金流向，按照要求进行合理控制。

我国企业在财务管理期间，先后引入人工智能，推进财务智能化应用。在此过程中，建立业务处理系统、信息管理系统，确保活动按照流程推进。然而，部分财务信息较为机密，同时各部门的职责不同，无法在业务活动运行中做好资源与信息共享。财务人员在此

种情况下，难以及时掌握各流程的详细信息，影响到人工智能在财务活动中的使用效果。

在市场经济环境日益复杂化的背景下，企业推进财务智能化，使用云计算、大数据与其他数据分析软件，建立数据分析模型。财务管理人员基于数据思维角度，研究问题并配置资源，做好风险预防工作，不会使企业陷入窘迫的境地。在智能财务时代，财务部门的工作人员必须跳出传统思维，依托区块链、大数据等技术，收集财务会计信息并进行深度分析，找到关键内容，按照业务部门需求提供信息，为管理者决策服务。此外，财务部门需要与业务部门交互信息，按照业务部门活动开展需求，编制个性化的分析报告，为内部各部门决策提供参考数据。

第二节 大数据环境下的财务智能化转型

一、财务智能化概述

（一）财务智能化内涵

财务智能化是基于海量财务信息数据与数字智能技术针对传统企业财务管理流程与核算模式建立的数字智能模型，能对企业财务活动的全部流程实现智能化管理。企业财务智能化实现需要将财务管理流程模型化，依靠数字智能技术可以将财务数据导入数据仓储，使用数据仓储存储财务数据，依靠数字财务管理模型对数据仓储中的财务数据进行分析、归纳、汇总，进而形成企业的财务报告，为企业经营决策制定提供参考。企业财务智能化建设能进一步提升企业财务信息数据的使用效率，改变企业传统的决策管理流程，优化企业的管理组织架构，为企业经营提供辅助决策。大数据技术在企业财务智能化建设的应用，还能对企业生产经营过程产生的海量财务信息数据进一步收集、归纳、清洗、分析、聚类、归纳，通过构建数字化财务监测系统对企业的财务管理活动实时监测，使企业的财务管理、财务核算、财务决策实现智能运行。

（二）财务智能化特征

从目前企业智能化发展应用趋势来看，企业财务智能化以海量的财务信息数据为驱动，根据智能财务管理模型实现财务活动的动态化管理。这也就反映出企业财务智能化具有以下几方面特点：

1. 以智能化理念为导向

企业财务智能化是依靠“大智移物”技术代替传统人工管理的新型财务管理模式，要以“互联网+”思维、“大数据思维”、“智能化管理理念”为引导，针对企业的财务管理流程进行数字化改造，将智能技术融入企业财务管理的不同环节、不同步骤，实现企业财务智能化建设目标。

2. 以财务信息数据为基础

数字智能时代，海量财务信息数据是企业具有更强竞争力、适应力、决策力、洞察发现力来适应快速迭代市场环境与多样化社会情境的高价值信息资产，财务智能化建设需要以海量财务信息数据为基础，通过获取、存储、清洗、分析、归类构建高价值的信息数据集合，为企业经营决策提供全视域的支持。

3. 以智能技术为中心架构

企业财务智能化是依靠大数据、人工智能、物联网、云计算等智能技术建立的智能化财务管理模式，财务信息数据采集整理、财务智能化管理模型搭建及财务决策信息的共享发布都离不开智能技术的支持。因此，只有将智能技术作为财务智能化建设的核心框架，才能推进企业实现财务智能化管理目标。

（三）财务智能化发展趋势

随着以大数据为代表的新兴智能技术应用体系逐步完善，赋予企业财务管理全新“智慧”，企业财务具有了“数据智能”与“数字机能”，企业的财务管理、财务决策、财务预测、财务风险防控及企业的成本核算管控在智能数字模型、数据算法的支持下具有了更强大的决策分析与预测洞察能力，大数据环境下的企业财务智能高效采集财务信息数据，依靠更加智能与精准的财务管理模型对财务信息数据进行科学化处理与运算，企业出于财务管理需求，引入的智能财务机器人系统能对企业管理的全流程进行动态监控，对财务运行的全周期实现智能化管理，尤其是依靠大数据技术构建起的智能化财务管理系统可以有效打通财务、业务、税务及资金流转之间的制度束缚和信息壁垒，促进企业经营管理信息在不同的流程环节间流通。在当前大数据环境下，智能技术与企业财务系统的多元融合使财务管理实现全流程动态化管控，企业财务管理模式正在从数字化、信息化向共享化、智能化转变。

二、大数据对企业财务智能化建设的积极作用

（一）拓宽了财务活动的时空范围

大数据环境中企业的业务范围快速扩大，打破了原有的时空限制，快速更新的业务环境与各类结构性财务数据信息的快速增长给企业财务管理工作提出了新的要求。相对于传统的财务工作，大数据引导下的财务智能化建设使财务运转模式形成了统一的标准化流程，这也促进企业财务工作面临着大量临时性财务交付需求，企业在进一步提高效率与能力的同时，也使企业财务工作面临着巨大的效率差。同时，大数据环境下财务智能化进一步扩大了企业财务工作范围，"云"办公、"云"共享的出现对企业的业务范畴能不断切换与更新，工作内容与形式变得更加多样，企业需要应对更多错综复杂的业务核算问题。依托智能化财务系统，企业能够在不同的场景与环境下高效进行合同处理、电子公章申请续签、发票开具等财务管理活动，财务工作时空范围得到进一步拓展。

（二）推进财务管理流程自动革新

企业传统的财务管理模式是按照固定的审批流程对财务风险管控，虽然审批环节层层相扣，形成了严密的风险防护体系，但中间环节过多的人为干预使企业的财务管理效率不断降低。大数据环境下的财务智能化依靠数字虚拟空间开展业务，随着众多财务智能管理系统的应用，企业业务流程、供应链与财务管理活动联系得更加紧密，财务审批流程不断缩减，财务审批更加便捷，并能针对企业不同的业务自动匹配流程，形成了完善的审批链，有效降低了沟通成本，促进企业财务管理流程革新。

（三）减少财务人员核算工作压力

大数据环境下企业财务智能化建设使企业内部形成了标准化、智能化的财务管理模式，传统视域下需要大量依靠财务人员开展的基础性财务核算工作被人工智能系统取代，以往需要财务管理人员提供的财务信息查询工作、财务汇编工作及财务总结报告也由智能财务机器人替代，财务工作由人工模式转向智能模式，减少了财务人员核算工作压力，使

财务人员有更多时间与精力用于财务智能系统管理，针对企业的财务运转动态监控。

三、大数据环境下企业财务智能化转型路径

（一）战略重视

大数据环境下的企业财务智能化转型必须与企业的未来发展战略紧密贴合，要将财务智能化建设作为一项重要战略列入企业的未来发展规划中，尤其要重视从近期规划、中期规划、远期规划的不同阶段融入财务智能化转型目标，从战略全局角度推进财务智能化转型。通过融入大数据技术打造智能化财务运营管理体系，在企业战略层面融入更多的智能化决策场景，使企业财务工作在不同战略周期可持续发展。同时，在企业财务智能化发展战略的带动下，企业内部的财务职能也需要集成化建设，通过梳理标准化端口、整合各类系统，打造覆盖企业各业务维度的数字网络系统，使企业内部各个部门能高效地进行资源共享，构建大数据环境下智能化财务管理模式，推进企业财务综合管理能力提升。

（二）资源保障

大数据环境下企业财务智能化转型还需要保障相关资源投入，需要完善智能化基础设施建设、财务资源整合与人才队伍搭建。首先，企业在将财务智能化作为企业未来发展战略后，要根据自身的未来发展目标投入资金，通过采购数字终端、智能信息系统与智能财务管理机器人，使企业财务管理各个流程、各个环节都能形成紧密衔接的智能网络系统，高效处理企业财务。其次，企业要全面重视财务资源的整合，通过构建业财联动的财务管理机制对企业经营管理各个流程、各个环节财务信息资源全面收集与共享，依靠RPA（机器人流程自动化，Robotic Process Automation，简称RPA）和智慧化财务共享中心建设实现财务资源高效管理。最后，企业要强化财务管理人力资源建设，通过建立完善的人才招聘体系，引入具有专业信息化素养与大数据管理能力的复合型人才，使企业财务管理人才队伍得到扩充。同时，企业也要加强现有财务人员培训，通过开展种类多样、形式丰富的培训活动帮助财务人员掌握财务智能化管理技能，使财务管理人员素质提升。

（三）理念转变

大数据环境下企业财务人员要转变理念，树立“大数据思维”“智能+思维”，深刻认

识到企业财务智能化这种发展趋势，能够突破自我发展束缚，积极学习，主动寻求突破，提升自身的业务水平与综合能力。主要从以下三个方面寻求转变。

1. 从偏重财务知识向注重综合能力转变

当前包括大数据、云计算、数字通信、人工智能等数字智能技术已全面融入企业财务智能化建设中，推进企业向财务智能化转型，需要财务管理人员树立新技术学习意识，从注重财务知识学习向综合能力建设转变。财务工作人员要了解现代企业财务知识，积极学习大数据、人工智能、智能财务管理系统操作等方面的技能知识，了解最前沿的信息网络技术动态，并对企业财务智能系统的组成、框架、性能及特点能够深入了解，通过专业课程学习、专家讲座、企业内部培训等方式全面提高自身的智能化知识水平，进而强化自身的综合能力建设。

2. 从偏重财务核算向偏重财务分析方向转变

随着大数据环境下企业财务智能化建设进程加快，企业财务管理人员要从财务核算向财务分析方向转变，在完成基础性财务核算工作的基础上，借助企业财务智能化管理系统与大数据分析机制全面加强对企业财务数据的收集、分析与挖掘，依靠大数据技术从海量财务信息数据中筛选出有价值的财务数据，并使用智能财务机器人根据企业财务管理指标完成财务报告编制，为企业经营管理决策提供财务数据参考。同时，企业财务人员要将更多的时间精力投入财务信息数据规划分析中，依靠专业的信息化技能对财务数据精准分析，识别和规避财务风险。

3. 从偏重事后管理向注重事前和事中管理转变

大数据环境下企业财务智能化建设进程中，企业财务人员要从注重财务事后管理向财务事前和事中管理转变，借助企业的智能化财务管理系统及财务智能化管理模型加强对企业财务流程管控，通过智能财务信息分析、财务风险识别、财务事项审核、财务手续报批、财务风险识别、财务风险预警及财务风险应急管理全面加强对财务活动事前、事中的监管控制，以全面保障企业财务运转安全。同时，企业财务人员也要不断提升自身财务风险识别及应急管理能力，充分运用财务知识与财务智能化专业技能跟踪分析与监督财务指标与财务安全，保障企业财务智能化系统能有效应对财务风险。

第三节　数字经济时代智能财务赋能价值创造

一、数字经济对智能财务发展的影响

企业转型的价值本质是提高经营效益，数字商业模式转型能够促进产业转型升级、提升企业的管理效率和经济效益。

（一）业务数据化

数据是推动经济增长的核心资产，工业互联网、网络新媒体、信息传播技术提高了数字信息的同步性。以数字化的信息和共享化的数据为生产要素，构建科学系统的管理数据湖，有助于发挥数字化转型驱动企业价值提升的作用。数字化通过全面整合企业数字信息系统，融合并有效利用业务信息和财务信息，推动产业经济结构优化，促进企业财务数字化转型。以现代信息网络为重要载体可以实现数据流标准化、数据核算智能识别和场景化，以及数据可追溯化。发展数字经济，促进数字经济与新工业革命加速融合，推进数字产业化和产业数字化，将促使新的产业形态、新的秩序不断呈现，孕育出一个新时代。

（二）数据标准化

业财变革的核心是数字驱动。在数字信息时代，随着人工智能技术的发展，依靠数据的资产化能力、数字标准化程度赋能财务转型。财务应主动赋能业务，实现管理会计领域智能分析和智能评价，财务人员的工作重心从业务操作转向人机交互，再逐步转向智能交互处理，真正实现财务信息化到财务数字化的转变，形成管理凝合剂。企业应基于智能财务建设现状，结合发展战略规划要求，在考虑方案可行性时兼顾智能财务与效益，统筹规划数字化转型，最大限度地发挥数据的价值功能，开发数据的整合能力，适应技术的发展和行业的革新，提升数据价值挖掘能力，建立智能财务系统的底层数据库，实现财务的精细化管理和资源利用效益最大化。

（三）应用智能化

企业应坚定业财融合、业财协同发展，形成智能化全要素、全价值链管理加速器。具

体而言：按照一体化、专业化、集约化的设计思路，充分应用大数据、区块链、人工智能等新技术，注重业财融合与价值创造；发挥财务作为数据中心的优势，提升数据技术赋能能力的客观性，利用信息化系统管理平台，自动合并和快速生成财务信息数据，帮助数据使用者形成管理源；强化全流程数据贯通、数据分析、数据筛选，借助大数据技术整合优势，推动会计信息向企业经营活动纵深发展，提升业务信息化和智能化，进而提高会计核算准确度；挖掘财会各领域数据共享点，有效筛选财务和业务数据，帮助企业高层决策者开展不同维度的综合分析，促进决策管理权和决策控制权的融合，以及全价值链的业务协同。

（四）智能可视化

智能融合是财务数字化转型的重要环节。企业应着眼技术赋能，构建数字化管理平台。具体而言：依托数字化技术，有效释放数据要素价值，全面实现业务场景驱动可视化，嵌入智能财务管理工具，形成智能识别、智能服务、智能指挥平台；将财务工作主动延伸至业务前端，形成集团公司数字化转型方案，切入业财融合关键点，为构建数据驱动和场景可视化提供支撑；提高集团子公司自动化程度与可视化程度，动态改善信息产生与传递效率，实时实现数据驱动的智能决策能力，展现数据服务可视化能力，实现基础财务工作智慧化；形成可视化管理平台，使业务流到数据流全方位智能化屏显，实现管理流到共享服务流的流程数字化，有效利用财务数据服务企业整体战略。

（五）服务平台化

企业应运用“大智移云物区”新技术，加强数字平台建设，结合图像识别技术满足多样化信息需求，通过财务共享服务手段智能化、会计核算高效化服务多元化主体。具体而言：建立大数据生态财务系统，通过物联网自动获取海量数据并实现数据共享，借助平台的运算能力，完成业财数据转换，发挥管理会计工具的作用，实现价值创造；融合智能财务理论模型和智能匹配方式，将数据导入数据仓库以对传统财务工作进行改造提升，形成服务流程化、流程数字化；以数据仓库现有数据为分析对象实现平台自动化，提高会计工作效率，提升价值创造能力；设计财务共享服务中心虚拟化模式，引入移动互联网技术移动端，通过区块链实现信息的即时完整传递，构建以价值创造为导向的智能服务平台。

二、智能财务赋能企业财务管理价值创造的方式

企业应构建自下而上涵盖高效标准的业务流平台、基础财务服务平台、可视化运营决

策分析平台，为企业转型升级，实现业务共享、数据共享、服务共享，提供不同维度的决策支持，从而使智能财务赋能企业价值创造。智能财务赋能财务管理价值创造的方式如下。

（一）以价值提升为基础，核算场景向业务场景转变，实现业财融合价值管理

在智能财务下，企业的财务核算以“资金—核算—报表”为中心，利用核算数据驱动信息聚合，重新梳理流程范围达成业务场景化，优化企业组织范围使其经营简单化，应用以 ERP 系统为核心的财务系统实时传递数据。具体赋能方式如下：通过打通各模块与内外部业务系统，实现全流程电子审批与自动化、核算场景驱动转变、结算规律化和标准化；核算模块功能转化为场景共享，动态化匹配人员权限与审批流程，业务处理由核算型向运营管理、决策分析型转变；规范原始凭证和会计报告，会计核算辅助数据采集支持，使业务财务和专业财务延伸和扩展到业务流程，实现数据专业化、流程自动化；通过建立业务融合度体系规范，优化组织与管理职责，打造从产业链前端到业财流程后端的一体化智能系统，以提高信息透明度。在业务场景下，财务职能由记账向管理转变，提高财务会计的运作效率、挖掘更多有价值的智能场景，能够促进企业财务由核算型向管理分析型转变，为企业提供更优质的财务信息数据和共享服务。

（二）以价值挖掘为取向，流程驱动向数据驱动转变，实现产业链集约管理

具体赋能方式如下：企业将预算管理、内控管理、资金管理前置，促进物资、人力、财务、信息资源的有效集成，进而实现各系统内部之间标准统一，提升管理层的指导动能；完善标准流程体系，重构企业规则、流程、组织，构建开放性财务战略架构，推行业财一体化全面流程管理体系；设立统一的财务数据标准，统一主数据、主流程，使全业务流程线上自动流转，实现数据驱动和系统融合；以产业链资源整合为契机，进行数字信息建设，将过程数据汇集到数据池，实现业务流、资金流、核算流的高度统一，规范会计核算标准和流程，明确会计资料在共享过程中的传递，推动企业运营与管理智能化；建立标准规范的业务流程体系，通过技术赋能实现财务智能化，通过体系建设实现管理制度化，通过平台运转实现制度流程化，通过共享服务实现流程表单化。

（三）以业财融合为目标，业财分离向业财融合转变，实现财务共享服务管理

企业集团应构建集团数据中心，以财务共享平台为依据，建立健全智能化财务运作模式。具体赋能方式如下：业财融合使财务管理向业务端前移，使专业财务向业务财务延伸，聚焦财务预算、采购与销售、核算与资金等业务，内外部业务数据统一、实时传递形成数据仓库，构建财务经营可视化与业财一体化管理平台；专业财务仍是财务管理的基础和本能，财务部门和业务部门有机地连接在一起，编制财务共享操作规范和服务流程，使各部门的数据和信息有效地集成和分离，利用财务技术挖掘财务数据的深度价值，进而推动财务数字化转型；从业务经营平台挖掘数据资产价值，实现业务集中化与集成化，并通过数据驱动实现分层分离管理，提升共享管理价值；建立一套标准化流程和经营管理体系，降低人员对传统组织模式的依赖，引入大数据信息技术，实现信息的自动流转以及“业务驱动财务、财务服务业务”的内循环体系，发挥财务共享中心的财务服务功能，提升智能财务运营管理的融合能力。

（四）以数据标准为蓝本，管控型财务向赋能型财务转变，实现智能转型生态管理

企业应落实智能财务管理模式的建设，借助 ERP 系统，规范会计流程与科目标准，建立统一的会计信息管控体系，为企业财务数字化转型奠定基础。具体赋能方式如下：发挥数据资产和场景优势，催生新产业、新模式，促进产业数字化转型，打造数字经济良好生态；以大数据、人工智能为技术手段，寻找最适合企业情形的人工智能系统，企业管控模式从电子化、信息化走向智能化，组织流程从静态化转向流程化和集中化，实现智慧财务赋能；以数字赋能为主线，结合管理会计能力建设和大数据智能分析应用，转变财务管理者的固有思想，对经营业务、信息系统内外统一协作，将标准化流程进行智能化更替，形成业财智能模块融合的最终形态；构建数据云平台和数据建模分析，提升数据效用，实现财务管理流程和程序的智能化，增强物联网技术的应用，通过感应识别和扫描定位实现精准管控，促进企业由管控型财务向战略型财务转型，发挥智能财务的管理职能和赋能价值。

（五）以价值创造为核心，守护价值向价值创造转变，实现价值创造增值管理

数字化变革给会计专业人员带来了前所未有的冲击，从资产管理持有者到资产守护者，从会计数据的保护者到数据价值的创造者，会计职业发挥着潜在的职权。具体赋能方式如下：通过数字化技术的应用获得全价值链的数据信息，助推传统管理信息升级，紧密结合全价值链的上、中、下游信息，打通内外部价值链，提高财务处理效率，有效畅通智能财务的工作路径；借助财务数字化转型提高企业管理效率，依据信息集成化管理提升运营效益，促进战略财务领域的价值管理；在数据技术层面，以数据化、智能化、国际化的视角建立价值创造体系，建立数据共享和数据控制中台，业财融合下产品将被场景替代，行业将被生态覆盖，数据信息将被实时传输到企业数据平台，实现财务综合服务流程自动化；通过财务共享模式建模，形成管理模块、项目模块、决策模块，设立智能财务评价标准，形成智能数字报告，实现数据的前沿分析和价值增值，深入融合财务业务和价值链各环节，以实现财务对企业价值的守护与创造。

（六）以数字赋能为契机，信息财务向数字信息化赋能转变，实现智能数字化管理

智能数字化是企业数字化转型升级的重要组成部分，其主要目的是为企业创造价值，数字化转型的客体主要是企业价值链，企业财务数字化转型的核心路径是资产数字化。具体赋能方式如下：搭建全面多角度的客户信用体系，通过系统流程实现数据的统一，向数字信息化赋能管理，发挥价值链和专业技术引擎的主要作用，激发企业潜在的财务价值，充分利用数据带来的信息价值为企业发展创造更大的价值；依据财务共享体系，形成智能财务管理体系和智能数据共享体系，彰显企业管理效率和组织效率；激发组织活力，实时挖掘与分析数据，提升智能财务运营质效，构建智能财务赋能体系，加快数字化财务转型步伐；搭建业财一体化的数字化体系，进行数据赋能和决策支持，实现财务的赋能转变和财务数字化战略。

（七）以智慧财务为引擎，高速扩张向高质量发展转变，实现最优决策支持管理

在 5G 信息、数字化、区块链等技术的高端赋能下，企业内部的生产管理、外部的交

易均被予以智能化改造，形成“智能制造”“智能管理”“智慧交易”新格局。具体赋能方式如下：聚焦价值，实现会计信息化向财务数字化的转型，聚合信息优势，将分散于集团内各部门的财务模块进行集中化处理，满足企业精细化管控和数字化转型的需求；激发财务管理部门的整体活力，把握资源优势，推动财务管理人员向价值整合者转变；搭建“业与财”双引擎管理机制，形成动态结构化决策模型，为转变管理的有效决策赋能；构建数字服务能力和整合能力，为企业的数据可视化构建财务智慧屏显，打造最优、最及时的基础支持设施。企业实施数字化转型后，决策支持将从经验驱动向数据驱动转变，还应重塑以“智慧财务”为目标的业务架构。

三、数字经济下智能财务发展趋势与创新模式

智能财务借助会计管理活动的思想体系，以数字技术价值为理论基础，推动管理会计与财务会计、会计环境与宏观经济的融合。在智能化环境和智能化技术的推动作用下，智能财务发展成为企业的一个远景目标，数字化是信息技术和商业模式转型的重要标志。

（一）探索中国特色财务智能模式

《中国数字化转型市场预测（2021—2026）》研究报告指出，通过应用智能场景践行数字化优先策略，未来五年，无论是在中国还是全球，超过百分之五十的经济（中国约超六十万亿元人民币）是基于数字化的，直接或间接地受数字化影响。我国在“十四五”期间将全面推进数字中国建设，对标世界一流财务管理能力，以数字化转型驱动生产方式、生活方式和治理方式的变革，数字化优先规模以财务价值和客户价值为标准。若要达到世界一流财务水平，就应坚持数据驱动的基本原则，业财融合是实现企业高质量发展转型的第一步。要以财务数字化转型带动企业全面数字化转型。对此，企业应建立一体化数字管理平台，运用人工智能技术推进业财融合，通过智能技术匹配开发财务数据价值转型的实施路径，通过服务于共享价值管理，发挥技术因素和内生组织要素的互补协同效应，进而促进企业高质量发展。

（二）创新智能财务数据治理思路

党的十九届四中全会提出，要全面推进国家治理体系和治理能力现代化的重大战略部署。2022 年国务院《政府工作报告》也指出，要促进数字经济发展，加强数字中国建设，完善数字经济治理整体布局。在数字经济时代，数据已成为企业重要的生产要素，企业的

数据治理和管理平台能够满足其经营创新需求。财务以数字技术为依托，通过制定企业内部数据治理标准，开发智能治理型财务决策支持系统，提升财务信息质量，并用数据支撑决策，提高治理效率和效果。企业应建立全面的数据治理思维，提升数据治理的战略地位，优化管理流程、加强数据源端治理、实施数据仓库治理以提升数据质量，用标准化数据维护数据资产的安全，采取数据价值挖掘技术激活数据价值。政府部门应创新治理流程，在流程中植入治理框架，提升政府治理能力，强化数据治理和价值融合，实现财务业务基础数据治理。

（三）探索财务合力的智能审计方式

2018 年，习近平总书记在中央审计委员会第一次会议上指出，要坚持科技强审，加强审计信息化建设。因此，理论与实务界应加强审计信息化建设，聚焦企业向智能审计方向转型发展，研究智能审计的应用场景和理论基础，建立一流信息化审计平台，完善数字化审计报告体系，形成网络化的审计数字场景。企业应优化传统的审计体系，建立审计数据共享云端管理平台，通过数据挖掘技术提升审计效果，利用可视化多维分析实现审计工具的自动化，利用审计流程的智能化发挥智能审计的价值；搭建新一代数字化审计管理平台，制定审计评价指标，应用大数据技术采集审计数据，应用模型分析彰显审计结果的智能化；建立智能审计模型，整合数据资源，构建审计智能库，丰富审计数据的逻辑，整合审计信息检索手段，促进数字技术在智能审计领域的全面运用。在新技术的推动下，探索云端审计新模式、数字化的审计新途径，同时借助云平台服务和大数据服务，探索财务合力的智能化预警审计框架，真正实现持续智能审计。

（四）智能财务分析与数字化决策

我国应加强与国际一流行业的对标管理，数据是数据驱动的基础，应构建企业财务智能体系架构以实现决策权的双向流动，构建智能财务分析与决策模型以实现数据诊断与分析，构建数字财务服务平台以形成数字化工作与思维模式。财务作为企业全面数字化转型的切入点，应以财务场景的智能化实现决策支撑，以财务数字化转型带动企业整体数字化转型发展。具体而言，可以利用模型数据的统一方法和手段，打造一体化数字平台，推进统筹规划，实现数字管理与决策，广泛应用数据治理功能，推动业财深度一体化；形成大数据融合的智能财务分析模型，动态反映数字信息化预测性分析，形成智能高效的财务业务处理决策模型，赋能企业高效运营管理；拓宽财务会计工作者的智能视域，迭代人机交互算法运力，激活智能财务技术下的场景驱动，通过描述性分析集合数字化数据平台，通过人工智能辅助决策搭建财务决策模型，以规范性分析检验财务控制与决策，最终实现财务管理的终极价值。

（五）智能财务战略转型的价值创造

创造价值是财务管理的终极目标，智能财务的实质应是以数字技术为支撑，以财务系统为中心，用数据驱动财务价值创造。企业应贯彻新发展理念，发挥管理职能作用，探索企业的商业价值和价值创造能力，依托数据资产创造新的价值；顺应数字经济发展趋势，以价值创造为追求，以数据业务化和业务数据化为蓝本，立足战略规划与转型期望匹配有限资源，推动企业向高质量发展变革；主动拥抱数字化变革，筛选有价值的信息数据，以数据为基础实现向效率变革，整合业务系统资源，发挥智能财务会计共享平台的作用，从提升效率向创造价值转变；建立大数据思维，将大数据管理理念和管理方法有效整合，形成统一的数字化转型规划和愿景，从企业生产采购、研发销售、成本预算等关键环节入手发起动力变革，引领企业的价值创造。智能财务以预期投资回报率为基准，发挥动态经营预测与风险预警功能，基于技术驱动与数据驱动，通过瞬时收集大量有效信息，用数据解决企业中的决策问题，为企业创造价值。未来企业须加大内部数据共享和价值创造的整合力度，通过财务智能化实现企业数据价值创造的最大化，通过财务数字化转型实现企业价值的增长。

（六）以开放融合为原则，共建数字化转型生态体系

2020 年国家发展改革委与中央网信办发布的《关于推进“上云用数赋智”行动培育新经济发展实施方案》中提出了“打造数字化企业，构建数字化产业链，培育数字化生态”的发展目标。会计行业要加快智能转型步伐，突破管理的职能界限，深度与业务融合，共建智能生态新模式，建立跨界融合的数字化生态体系目标。为迎接数字经济时代的挑战，企业应构建全新的智能财务全局管理体系，加强产业链协同发展，形成业务流程、管理流程、财务会计流程三者的有机融合，重塑“业—财—业”价值生态链；聚焦财务生态，以数字化平台为依托，构建“生产组织+商业模式+共享服务”管理模式，重视发展人机协同共生的会计生态系统，形成“业务层+财务层+管理层”管理体系；充分发掘新内需，通过产业与物流、网络的跨界融合，形成交易生态效应，实现数字经济带动实体经济新发展，发挥“产业链+供应链”生态效应；秉承“共赢”的发展思路，建立数据战

略、数据融合、共享交换、开放协同的转型理念；培育新业态，迎合智能财务产学研合作新趋势，激发智能财务理论的新思考，鼓励企业走出组织管理的边界，发挥国有企业在产业链中的聚合效应，为企业管理提供支持，带动企业加快数字化转型步伐，最终实现价值创造。针对数字化生态，还应综合评价生态体系的整体财务状况，引导生态体系的财务价值建设，形成良性财务生态体系，发挥企业数字生态效应和提升企业数字化转型发展水平，共同促进产业发展和转型升级。

（七）以智能财务为核心，推动经济高质量发展

创新是高质量发展的第一动力，高质量发展是强国战略之一。我国经济已由高速增长阶段转向高质量发展阶段，党的十九届五中全会确定了我国长期经济社会各方面发展的主题为高质量发展。《中国数字经济发展白皮书（2021）》显示，数字经济成为我国经济高质量发展的核心驱动力。2020 年《国务院关于进一步提高上市公司质量的意见》中指出，上市公司是资本市场的基石，高质量的上市公司是资本市场健康可持续发展的内在要求，是中国特色财务体系建设的重要步骤，是完善社会主义市场经济体制的主体内容。立足新发展理念，支撑数字转型驱动，推进数智化转型，是我国在高质量发展阶段数字经济的主方向。基于此，企业应依托数字赋能，加快数据驱动、管理驱动、流程驱动的转变速度，建立数据思维和智能诊断思维，引导企业向价值创造的战略转变，实现高质量发展新目标；利用数智化手段聚智融智，从智能财务角度赋能企业价值创造，助力实体经济高质量发展。

（八）加快数字化转型发展，建设数字中国

《“十四五”数字经济发展规划》表明，数字经济是一种新的经济形态，数字经济越发展，智能会计越重要。因此，建设智能会计是数字化时代会计发展的必然趋势，数字经济以现代信息技术网络为载体，以数据信息资源为关键要素，以信息技术融合应用为平台。为迎接数字经济新形态，企业将实现内外互联驱动生产方式，持续推动财务数智化转型，激活数据要素潜能以实现资源共享，推动要素数字化转型以实现业财融合。为加快数字经济、数字社会、数字政府转型步伐，须构建智能智慧的数据安全治理方式，以保障数字产业化的创新增值，推进数字强国建设，完成产业数字化目标。未来政府部门应建设智慧财政以提升财政资源配置效率，构建智慧金融平台以促进区域经济稳定与发展，加快智能司库建设以促进可持续发展；提升政府数字服务效能，引导整体生活方式智能化转变路

径，打造智慧政府建设，提升政府数字化转型水平，提高政府综合治理能力，实现国家数字化转型。财务数字化转型必将是财务变革过程中的一个创新阶段，打造数智财务体系会伴随区块链技术、数字机器人技术的发展与应用，以及智慧制造建设、数字企业建设，进而有助于加快数字中国建设。

第四节　财务机器人流程自动化应用研究

一、财务机器人概述

财务机器人指的是一种能够将企业发生的各种财务、业务信息数据化，通过梳理数据之间的关系，执行基于一定规则既定指令下的重复性操作，在处理模式、处理流程、处理效应上均基于流程自动化技术的应用程序。该应用程序可以在脱离人工操作的情况下，实现实时化、跨平台、多窗口的自动化操作，这也被称为财务机器人的第一阶段。通过将 RPA 技术与其他人工智能技术结合使用，还可以为其赋予图像识别、数据处理、报告分析、思维推理等能力，这些智能认知能力的开发也被称为财务机器人的第二阶段。目前，财务机器人已经迈入了第三阶段，能够将 RPA 技术与 AI 技术深度融合，全方位实现财务、业务与数字经济的联动，打造智能化、数字化、效率化的财务应用平台。目前较为成熟的 RPA 产品有 UiPath、Blue Prism、Automation Anywhere，以及华为的 Ant Robot 等。

二、财务机器人流程自动化应用设计

传统的人工处理数据的方式不仅耗时耗力、成本高昂，而且存在一定的误操作率，在智能财务背景下，通过使用财务机器人 RPA 技术可以使数据处理更加智能化、精准化、效率化。要实现降低企业财务管理成本和提升财务工作效率的目标，就必须把财务机器人流程自动化技术落实到财务工作的各个环节。单个 RPA 技术组件一般是无法满足所有业务需求的，需要较多数量的 RPA 技术组件有机融合和有效运转，才能与财务工作的各个环节相契合。例如，票据核对、银行回单自动化、自动对账、月底结账等自动化流程的实现，都需要一个或多个 RPA 技术组件相互配合来完成，然后再结合财务工作程序之间的逻辑关系对财务机器人流程自动化进行应用设计，实现财务数据和业务数据的一体化，全面优化企业的财务管理模式。具体的应用流程如下：

第一，结合 RPA 技术和 NLP（数据索引）技术对企业内外部的数据进行检索和收集，并将这些财务大数据进行分类、整合。

第二，结合人工智能 AI+BI（商业智能）算法技术对数据进行映射和验证，过滤和识别错误数据，一些简单的数据可以直接采用 OCR（光学字符识别）技术进行识别，非标准化和非结构化的数据要进行规律的整理和分析。

第三，对数据进行管理与协调，权衡工作流分配和数据审查，对工作任务进行分配和交接。

第四，将处理后的数据进行接收，并再次进行识别，实现多接口的数据录入与记录，并进行归档和保存，对记录的数据进行测试和迁移，将数据在员工、客户、供应商之间进行传输，实现数据共享。

第五，通过 RPA 技术对数据自动计算、处理，得出所需的财务数据组群，管理者基于企业价值创造目标对财务数据组群进行分析、决策。

第六，将有效财务数据进行输出，基于财务数据规则和原理建立数据指标分析框架与模型，结合 RPA 技术自动收集数据的功能，计算、汇总生成各类格式化的报表，并自动处理分发至财务共享中心，为数据的有效性赋能。

三、财务机器人流程自动化应用现状

（一）应用优势

随着国内外学者对人工智能理论与实践的研究，人工智能的应用范围覆盖了各个行业领域。其中，财务领域与人工智能的深度融合是备受关注的焦点。在智能财务背景下，财务机器人应运而生。研究发现，大多数财务活动都存在自动化操作的可能性，其中又属交易性活动自动化操作的可行性最高。目前，财务机器人被应用于一般会计活动、现金支出、营收管理、财务控制与外部报告、税务、审计、风险管理等财务活动中。2017 年，德勤会计师事务所推出了首款财务机器人“小勤人”，随后普华永道、安永和毕马威也不甘落后，不断寻求实现流程自动化的路径，掀起了财务机器人的引进热潮。企业引用的这些财务机器人被应用到大容量数据、低附加值业务、高频交易处理、单一重复性操作等处理中，在风险控制、高效管理、业务处理等方面起到了很大的促进作用。财务机器人在企业中的应用优势主要体现在以下几个方面。

1. 促进企业财务模式转型

对于基于财务模式转型升级建立财务共享中心的企业，RPA 技术为财务共享中心建设和有效运行提供了技术支撑，还能够促进财务人员的思维创新，不断寻求新的解决方案，进而能够减轻新技术本身的不确定性带来的应用阻力，这是企业平稳推进转型时的重要保证。

2. 提高财务工作效率

财务机器人打破人工精力不足的局限性，减少传统人工操作流程的干预，实现“24×7”的无间断高效运转。RPA技术本身具有较强的灵活性，可以通过设置成百上千个既定的程序或脚本制作RPA组件，然后将其嵌套到财务工作的各个程序中，如自动获取并处理数据、自动扫描原始凭证、自动记账、自动审核、自动对账、自动纳税申报等，在标准化处理的基础上增强了差异化处理的可比性，提升了处理流程的透明度，规范了财务处理流程，提高了财务信息的真实性、客观性、准确性，全面提升了财务数据、业务信息的处理效率。另外，RPA还具有非侵入性的特点，与ERP、U8等财务软件不同，RPA可以在不影响软件原有系统的情况下直接连接财务端的高层软件，增强其使用过程的稳定性。

3. 降低错误率，甚至实现“零错误”

企业根据自身的需求，按照财务处理的固定操作流程、标准等设置既定规则，RPA基于既定规则进行标准化、无差别化操作，实现财务精细化运营，能够消除错误，提高准确性，有效降低记账失误和财务舞弊的可能性，规避潜在的财务风险。

4. 降低企业财务管理的成本，释放了劳动力

在传统的财务模式下，企业需要付出巨大的薪酬成本，包括基本工资、社保、津贴等，增加企业的成本负担，而RPA的出现减轻了企业的成本压力。RPA技术主要是以人工智能为导向，结合计算机编程程序对于单一、重复性的财务处理实现流程自动化，替代了传统人工操作，实现一键式、自动化操作，在提高效率的同时，降低了企业财务运营管理的成本，也被称为“数字化劳动力”。RPA技术在财务领域的广泛应用虽然在一定程度上会影响财务人员的就业形势，但其优势体现在劳动力的释放上，能够使财务人员专注于更具价值的其他工作，优化人力资源配置。

（二）应用局限性

1. 处理“异常事件”不够灵活

由于基于RPA技术的财务机器人是执行预先设置的既定程序来实现自动化操作的，固化了操作执行程序，降低了灵活性。RPA技术并不像人工智能一样具有推理、判断、分

析、学习的能力。当应用环境或相关信息系统发生重大变化时，财务机器人无法识别与既定规则不相符的程序语言，导致异常情况处理不当。例如：计算机的C/S应用和B/S应用更新或修改之后，计算机服务器的运行环境也会随之发生变化，浏览器会显示不同的UI（用户界面），RPA运行软件会弹出异常错误报告，操作执行会随即中断；当RPA的生产环境发生更新，测试环境又没有进行提前部署时，也会出现类似异常情况。此时，为了防止在进行数据处理的关键节点出现异常情况，保证财务机器人的有序操作，降低误操作风险，就需要由工作人员对运行过程进行全程监督，避免出现执行中断等异常情况。

2. 运营维护成本高昂

RPA技术是智能财务背景下的新型技术，将其运用到数据分析、发票处理、对账、报表处理、税务申报等财务处理流程中，需要设置成百上千、不同功能的RPA嵌套组件，其使用成本较为高昂。与ERP、U8、CRM等传统软件系统不同的是，RPA是基于原有系统上嵌入的自动化流程应用程序，它属于一种更高层次的软件系统。在实际使用的过程中，要确保RPA稳定、有效运转，系统的测试、更新、升级必不可少，企业要聘请PPA技术研发人员，不定期地根据运行异常报告对财务机器人进行优化设计，建立财务机器人运营维护中心、控制台等部门，投入大量的资金。另外，财务机器人的运行、系统操作、日常维护等环节都需要财务人员全程参与，而财务人员对于RPA的研发过程、工作原理、程序规则的认知并不透彻，这对财务人员的综合素养提出了新要求，企业需要加大对财务人员的培训力度，进一步增加了成本。

3. 需要及时优化运行机制

从异常情况的处理来看，财务机器人的灵活性较低。虽然RPA技术是基于既定规则来执行操作的，但是财务业务的处理流程却并非固定不变。当企业业务进行更新或调整时，RPA技术的运行机制就要随之重新进行设计和部署，要以运用程序为导向，对一些脚本进行参数修改，并根据新业务的流程来重新录制屏幕动作，导入新的脚本并重新执行处理。财务机器人是否能够高效、有序地运转，很大程度上取决于运行规则标准化的程度。为了保证财务机器人的正常运行，企业应该及时更新或调整运行环境，设计运行方案，减轻业务调整带来的影响。

四、财务机器人流程自动化的应用措施

（一）结合AI技术为RPA的有效运用赋能

AI与RPA之间既有区别也有联系，很多人会混淆这两者，认为RPA就是人工智能，

其实不然。简单来说，RPA 就是替代人工进行一些机械化、重复性的操作，缺乏判断、认知能力，而 AI 具有推理、分析、预测、决策、深度学习的能力，其算法机制要比流程自动化更高级、更复杂。如果把 RPA 比作神经网络，那么 AI 更像大脑，由 AI 发布指令，RPA 执行指令，可以实现神经网络与智能算法的有机结合，确保应用程序运行的科学化、数字化、智能化，而有了 AI 的智能算法和分析、决策、推理等能力，即使在程序应用过程中出现“异常事件”，也能随机应变地进行处理。企业要想提高财务管理的效率，光靠 RPA 技术是难以实现的，还必须融入智能 AI 算法，科学引入决策支持系统思想，完善财务自动化流程。由此可见，AI 与 RPA 的深度融合是大势所趋，是创新应用的重要举措，是企业数字化转型的抓手。从“劳动密集型”向“AI 密集型”转型，推动生产模式与业务流程实现颠覆式创新升级。目前，在财务机器人的自动化处理流程中，AI 技术得到了广泛应用，如 OCR 识别技术（扫描与识别）、NLP（文字检索与分类）及 ML（分析与决策）等技术。

（二）构建稳定的应用环境

RPA 技术能够在业务处理的过程中实现流程自动化，体现了其流程固定、规则既定的特征。创设稳定的应用环境是确保 RPA 财务机器人高水准、高效率运转的前提条件，也是降低营运维护成本的主要途径。一方面，要在软硬件上提供支撑，及时配备或更新相关软件设备，提升运行速度，优化网络环境，构建运行环境测试中心和控制台等部门，并合理设置应用权限，做好重要信息的保全措施，防止数据遗漏、泄露，增强数据与信息的安全性；另一方面，要加强财务人员综合能力的培训，制定财务机器人使用手册，培养财务人员 RPA 与人工智能技术的应用能力，使其掌握其操作原理、程序流程、应用场景等。

（三）及时跟踪优化机制

应市场经济发展的需求，企业的经营方式、内外部环境和业务处理流程也时常会进行调整，而基于既定规则实现流程自动化的 RPA 技术只适用于标准化程度较高的处理程序。为了保证财务机器人的高效应用，运行人员要及时记录和跟踪“异常事件”检测报告，完善基于 RPA 技术相关软件运行风险预警机制，针对现有的问题调整应用流程设计和既定规则，重新部署和优化运行机制，制定有效应对措施。另外，企业要对财务机器人的运行过程实施精细化管理，提高其对企业的适配性，创新更多的应用场景，满足企业业务调整的各项需求，推进企业财务管理模式数字化转型。

参考文献

[1] 刘春姣. 互联网时代的企业财务会计实践发展研究 [M]. 成都：电子科技大学出版社，2019.

[2] 杨林霞，刘晓晖. 中小企业财务管理创新研究与改革 [M]. 长春：吉林人民出版社，2019.

[3] 李晓龙. 大数据财务分析 R 与 Hadoop 实训 [M]. 北京：经济管理出版社，2018.

[4] 李克红. “互联网+”时代财务管理创新研究 [M]. 北京：首都经济贸易大学出版社，2018.

[5] 姬潮心，王媛. 大数据时代下的企业财务管理研究 [M]. 北京：中国水利水电出版社，2018.

[6] 董皓. 智能时代财务管理 [M]. 北京：电子工业出版社，2018.

[7] 倪向丽. 财务管理与会计实践创新艺术 [M]. 北京：中国商务出版社，2018.

[8] 张立伟，赵金燕. 会计信息化实操 [M]. 大连：东北财经大学出版社，2017.

[9] 王耀忠. 会计信息化 [M]. 成都：电子科技大学出版社，2004.

[10] 曾玲芳. 会计信息化实务（财务链篇）[M]. 大连：东北财经大学出版社，2017.

[11] 蔡永鸿. 会计信息化 [M]. 北京：中央广播电视大学出版社，2014.

[12] 万希宁，郭炜. 会计信息化 [M]. 武汉：华中科技大学出版社，2009.

[13] 庄明来. 会计信息化教程 [M]. 北京：北京师范大学出版社，2007.

[14] 周阅，黄菊英. 企业会计信息化 [M]. 北京：北京理工大学出版社，2014.

[15] 杨昆. 会计信息化应用 [M]. 北京：北京理工大学出版社，2018.

[16] 伊静，刘会颖. 会计信息化教程 [M]. 北京：对外经济贸易大学出版社，2018.

[17] 徐亚文，钟爱军，蒋婵. 会计信息化实务 [M]. 武汉：武汉大学出版社，2011.

[18] 邱卫林，雷芳. MPAcc 会计与财务案例分析 [M]. 上海：立信会计出版社，2018.

[19] 章新蓉. 大数据+会计人才培养及教学改革研究 [M]. 成都：西南财经大学出版社，2018.

[20] 张奇. 大数据财务管理 [M]. 北京：人民邮电出版社，2016.
[21] 王衔，姚建荣. 电算化会计信息系统 [M]. 杭州：浙江人民出版社，2008.
[22] 张素云. 高校会计信息化教学研究 [M]. 杨凌：西北农林科技大学出版社，2010.
[23] 周瑜，申大方. 管理会计 [M]. 北京：北京理工大学出版社，2018.
[24] 龚巧莉. 管理会计量化工具与方法应用 [M]. 昆明：云南大学出版社，2015.
[25] 辛茂荀. 会计信息化 [M]. 北京：经济科学出版社，2003.
[26] 陈旭. 会计信息化 [M]. 北京：高等教育出版社，2018.
[27] 汪诗怀. 会计信息系统 [M]. 哈尔滨：哈尔滨工业大学出版社，2007.
[28] 龚翔，施先旺. 会计学原理 [M]. 大连：东北财经大学出版社，2019.
[29] 贺志东. 企业财务管理操作实务大全 [M]. 北京：企业管理出版社，2018.
[30] 韩吉茂，王琦，渠万焱. 现代财务分析与会计信息化研究 [M]. 长春：吉林人民出版社，2019.
[31] 李定清，曾林现代财务与会计探索（第 4 辑） [M]. 成都：西南交通大学出版社，2017.
[32] 袁利虹. 新常态下国企财务管理与会计工作前沿问题探究 [M]. 北京：北京理工大学出版社，2019.
[33] 李雄平. 信息化背景下会计领域的新发展 [M]. 成都：四川大学出版社，2018.
[34] 徐志敏，邵雅丽. 云计算背景下的财务共享中心建设研究 [M]. 长春：吉林人民出版社，2019.
[35] 戴红，曹梅，连国华. 云计算技术应用与数据管理 [M]. 广州：世界图书出版广东有限公司，2019.
[36] 田高良，张晓涛. 论数字经济时代智能财务赋能价值创造 [J]. 财会月刊，2022，934（18）：18-24.
[37] 上官立波，刘洋洋. 智能财务背景下财务机器人流程自动化应用研究 [J]. 活力，2022，623（10）：106-108.
[38] 肖葵. “数字经济” 背景下的企业财务管理发展 [J]. 财经界，2022（5）：125-127.
[39] 王进平. 论财务智能化对企业财务部门的影响 [J]. 财会学习，2021（31）：53-54.
[40] 史庭南. 大数据时代会计信息化对企业财务管理的影响研究——评经济管理出版社《大数据背景下智能会计信息系统构建与应用》 [J]. 价格理论与实践，2021（4）：176.
[41] 于淑婷. 财务机器人在企业财务决策中的应用现状研究 [J]. 上海商业，2021（8）：130-131.

[42] 周燕飞. 财务机器人流程自动化应用研究 [J]. 商业文化，2020 (14)：14-17.
[43] 田高良，陈虎，郭奕，等. 基于 RPA 技术的财务机器人应用研究 [J]. 财会月刊，2019 (18)：10-14.
[44] 马晓辉，周志敏，王科. 流程自动化机器人（RPA）在财务共享组织的应用探究 [J]. 中国总会计师，2021 (9)：39-42.
[45] 张敏济. 基于大数据智能化的财务共享中心运营管理优化研究 [D]. 重庆：重庆理工大学，2019.
[46] 周远祺. 大数据智能化时代企业财务部门的职能及人才的培养探析 [J]. 会计师，2019 (5)：79-80.
[47] 陈立强. 大数据背景下企业财务管理模式的创新 [J]. 中国商论，2018 (17)：7-8.